Feodor Wehl

Gesammelte dramatische Werke

Feodor Wehl

Gesammelte dramatische Werke

ISBN/EAN: 9783743641099

Hergestellt in Europa, USA, Kanada, Australien, Japan

Cover: Foto ©ninafisch / pixelio.de

Weitere Bücher finden Sie auf **www.hansebooks.com**

Gesammelte
Dramatische Werke

von

Feodor Wehl.

—❧—

Erster Band.

Verlag von Philipp Reclam jun. in Leipzig.

Gesammelte
Dramatische Werke

von

Feodor Wehl.

Inhalt:

Gesammelte

Dramatische Werke

von

Feodor Wehl.

Erster Band.

Leipzig,

Verlag von Philipp Reclam jun.

Seinem

verehrten Freunde

Herrn Dr. Heinrich Laube,

artistischem Director des k. k. Hofburgtheaters
zu Wien.

Ein altes Sprüchwort sagt: man kommt immer auf seine ersten Neigungen zurück, und daß das in der That der Fall, habe ich recht deutlich an Ihnen selbst, verehrter Freund, während Ihrer diesjährigen kurzen Anwesenheit in Dresden zu erfahren Gelegenheit gehabt. Zeit, Verhältnisse, Ansichten hatten uns einander entfremdet und außer Beziehung gebracht. Als ich Sie nun aber plötzlich, unverändert, vor mir erblickte, in Ihre guten, klaren, blauen Augen sah, Ihre bekannte Stimme vernahm, da fühlte ich auf einmal recht lebhaft wieder, wie lieb Sie mir sind und wie dankbar mein Herz gegen Sie empfindet.

Sie waren der erste Autor von Ruf, der an mich schrieb, mir sagte, daß er Vertrauen in meine Gesinnung, meine Feder habe, und mich aufforderte: nach den ersten kleinen, veröffentlichten literarischen Versuchen sich an einem damals hervorragenden Blatte,

an der „Zeitung für die elegante Welt", die Sie redi-
girten, zu betheiligen. Aus dieser Betheiligung bin
ich denn als Schriftsteller hervorgegangen, den Sie
also gewissermaßen entdeckten. Hat Ihnen diese Entdeckung auch weiter keinen Ruhm gebracht, so, denke
ich, macht sie Ihnen doch auch auf der andern Seite
keine Schande. Ich bin kein literarischer General, aber,
wie mich dünkt, doch ein immerhin leiblicher Sergeant
geworden. Freilich meinte ich in meiner Jugend in
meinem poetischen Tornister wie jene Soldaten Napo-
leons das Holz zum Marschallsstabe zu tragen und
habe mich in diesem Wahne in meiner Berliner Zeit
ziemlich vorlaut und keck benommen. Die Jahre und
die Arbeit haben mich aber zur Vernunft gebracht und
bescheiden gemacht. Ich will mit dem silbernen Feld-
webelquast und der schließlichen Anerkennung zufrieden sein, daß ich diesen verdient und mit Ehren getragen.

Nicht jeder kann Feldherr werden; dazu gehören
Glück, Schlachten oder Protektion. Von dem Allen
ward mir wenig zu Theil. Ich kam erst nach den
Kämpfen des Jungen Deutschland's in „Lützow's wilde
verwegene Jagd" und machte eigentlich nur deren Auf-
lösung mit durch. Alles, was ich vermochte, war, mich
in deren Geist und Gleisen zu erhalten, und in Folge

deſſen kam es, von Ihnen noch beſonders aufgemun-
tert, daß ich auch anfing, für die Bühne zu ſchreiben.

Hier iſt denn ein erſter Band meiner kleinen Ko-
mödien; Vorſpiele, Lückenbüßer, wie ſie die Theater
gebrauchen. Sie ſind oft und viel gegeben worden
und werden noch gegeben. Meine Abſicht war, mit
dieſen Originalſtückchen die deutſche Bühne etwas von
dem Ueberſchwang der Ueberſetzungen aus dem Fran-
zöſiſchen zu befreien, muß aber leider ehrlich bekennen,
daß mir das nicht gelungen iſt. Ich würde das ohne
Weiteres auf Rechnung der Schwäche und Unhaltbar-
keit meiner Arbeiten ſchieben, wenn nicht andere und
beſſere Autoren mit ihren Beſtrebungen in gleichem
Grade reſultatlos geblieben, und wenn nicht die kleinen Verſuche ſelbſt, wie angeführt, ſich dennoch eine
gewiſſe, wenn auch langſame Geltung verſchafft
hätten.

Nur dieſe ermuthigt mich denn auch, ſie hier ge-
ſammelt erſcheinen zu laſſen und Ihnen den erſten
Band derſelben zu widmen. Dieſe Widmung thut
meinem Herzen beſonders wohl; denn ſie erlaubt, daß
ich mit dem Beweiſe meiner unveränderten Liebe und
Achtung gegen Sie zugleich auch mir ſelbſt eine kleine,
wenn Sie wollen, etwas boshafte Genugthuung ver-
ſchaffe. Es giebt nämlich jetzt faſt keine Bühne in Deutſch-

land, die nicht das eine oder das andere meiner Stücke
aufgeführt hätte. Das Hofburgtheater in Wien unter
Ihrer Leitung ist das einzige, das mich durchaus nicht=
achtet hat in allen meinen dramatischen Bestrebungen.
Dahingegen habe aber auch ich, meinen Anschauungen
der Dinge und Verhältnisse zufolge, mich genöthigt
gesehen: Sie oft ins Gesicht hinein angreifen zu müs=
sen wegen Ihrer allzumerkbar werdenden Vorliebe zu
den pariser Dramen.

Hundert Andere würden sich dadurch feind gewor=
den sein. Bei uns ist es nicht der Fall. Ich weiß und
habe faktische Belege dafür, daß Sie trotz alledem und
alledem mir guten Leumund gegeben, und wo es ange=
bracht war, warm für mich gesprochen und gehandelt
haben. Hier meine von aufrichtiger Verehrung diktirte
Widmung ist der Beweis, daß auch mich kleinliche Ge=
reiztheit nicht beherrscht, sondern daß ich mit Achtung
und Liebe nach wie vor Ihnen treu ergeben bin.

Dresden, am 7. November 1862.

F. W.

Inhalt.

--- --- ---

Ein Bräutigam, der seine Braut verheirathet.

Lustspiel in einem Act.

Personen.

Bergrath Schachner.
Pauline, seine Tochter.
Georg Holly, Gutsbesitzer.
Emil Sander, Advokat.

———

(Die Scene stellt einen eleganten Salon mit drei Thüren vor, in dem sich Tische, Stühle, Sopha, Spiegel und andere Möbel befinden. Es brennt ein Kronleuchter an der Decke und Licht auf dem Tisch. — Man hört Musik fast ununterbrochen das ganze Stück hindurch.)

Erster Auftritt.

Georg. Emil.

Georg (Emil in das Zimmer ziehend). Hier herein, lieber Freund! Hier sind wir geschützt vor dem Gewühl des Balles, vor dem Geschwirre der Tänzer, vor dem Lärm der Musik. Hier können wir ein vernünftiges Wort mit einander reden. (Emil vor sich hinstellend.) So! Nun laß Dich vor allen Dingen einmal ordentlich in Augenschein nehmen. Wie siehst Du denn aus? — Meiner Treu, noch immer so brav und gut, wie sonst, aber auch noch immer so unbehülflich und verlegen. Wahrhaftig, Deine Kravatte sitzt noch eben so schief wie früher und Deine Weste ist Dir noch stets zwei Zoll zu kurz. Du hast Dich wenig verändert!

Emil. Und Du Dich auch, Georg, Du bist noch ganz wie Du gewesen. Noch eben so lustig, noch eben so tollkühn, aber auch noch eben so treuherzig und voll heiteren Humors! Mir ging ordentlich das Herz auf, als ich Dich d'rin im Saal unter der fremden Menge auf einmal mir entgegen lachen hörte. Die vergangenen Zeiten, die alten Tage fielen mir wieder ein. Georg, wie glücklich sind wir damals auf der Universität gewesen!

Georg. Ja, wir haben fidele Stunden mit einander verlebt.

Emil. Stunden idealer Begeisterung — Stunden, die mit Erhebung des Geistes begannen —

Georg. Und damit endeten, daß wir unter die Tische fielen!

Emil. Die Erinnerung rührt mich zu Thränen.

Georg. Mich bringt sie zum Lachen!

Emil. Du nimmst eben Alles von der lustigen Seite.

Georg. Und Du von der traurigen!

Emil. Es ist mein Geschick.

Georg. Weshalb bist Du jetzt wieder betrübt?

Emil. Aus lauter Liebe.

Georg. Ach, pfui Teufel!

Emil. Nun, da siehst Du es.

Georg. Doch wie kamst Du zu diesem Unglück?

Emil. Der Himmel weiß es!

Georg. Wo fing es an?

Emil. Auf dem Dampfschiffe.

Georg. Erzähle.

Emil. Meine Ferien zu einer Rheinreise benutzend,

traf ich auf dem Hekla mit einer jungen Dame zusammen, deren Schönheit, Grazie —

Georg. Etcetera!

Emil. Einen so lebhaften, fesselnden Eindruck auf mich machten, daß —

Georg. Ich weiß genug.

Emil. Du weißt noch gar nichts.

Georg. Die ganze Historie. Soll ich sie Dir erzählen?

Emil. Da bin ich begierig.

Georg. So höre. Diese Dame reist in's Bad hieher; Du reisest mit.

Emil. Das ist wahr.

Georg. Du gehst ihr nicht von der Seite, folgst ihr wie ihr Schatten.

Emil. In der That.

Georg. Dein Herz ist erobert; Du bist besiegt.

Emil. Kein Zweifel.

Georg. Du willst um sie anhalten, Dich mit ihr verheirathen. —

Emil. Ja.

Georg. Mit Gott! Hier hast Du meinen Segen. Seid glücklich und mehret Euch!

Emil. Was schwatzest Du da?

Georg. Ist Dir's nicht recht?

Emil. Warum wäre ich denn dann betrübt!

Georg. Ach so! Das vergaß ich. Du liebst nicht glücklich!

Emil. Das weiß ich nicht.

Georg. Was weißt Du denn?

Emil. So viel wie nichts.

Georg. Das ist für den Anfang nicht zu viel.

Emil. Höre mich an.

Georg. Aber mach es kurz.

Emil. Die junge Dame hat einen Vater.

Georg. Der Eure Liebe nicht billigt.

Emil. Ich sprach ihn nicht.

Georg. Aber was sagt die Tochter?

Emil. Die sprach ich ebensowenig. Du kennst meine Schüchternheit und die verlegene Scheu, in der ich mich Damen gegenüber befinde.

Georg. Von tausend Gelegenheiten her. Wir haben Dich oft damit aufgezogen. Unter den Studenten hießest Du der keusche Joseph.

Emil. Nun gut, dieser keusche Joseph bin ich noch.

Georg. Was Du mir sagst! Und hast Deinen Mantel noch?

Emil. Aber mein Herz nicht mehr. Jene unbekannte junge Dame, von der ich Dir sprach, hat es mir geraubt. Sie zum ersten Male hat mich empfinden machen. Ich liebe sie wahr, innig und tief. Aber ich verstehe die Kunst nicht, es ihr zu zeigen. Mir fehlen die Worte, die Gesten, mir fehlt der Muth, sie anzusprechen. Nie wagte ich mich ihr zu nähern, ihr meine Gefühle an den Tag zu legen.

Georg. Ist sie hier?

Emil. Ja wohl!

Georg (Emil unter den Arm fassend). So komm!

Emil. Wohin?

Georg. Zu ihr! Ich will für Dich reden, handeln, werben. In zehn Minuten ist Alles in Ordnung.

Emil (zurückweichend). Warum nicht gar! Du kennst die Verhältnisse nicht.

Georg. Kennst Du sie denn?

Emil. So halb und halb. Ich habe das Kammermädchen meiner Angebeteten zu gewinnen gewußt.

Georg. Teufelskerl! Wie fingst Du das an?

Emil. Ich denke, recht klug.

Georg. So laß es mich hören. Hast Du ihr Geld, Versprechungen oder gar einen Kuß gegeben?

Emil. Wo denkst Du hin!

Georg. Nun also?

Emil. Ich fand sie am zweiten Tage unserer Fahrt auf dem Verdecke. —

Georg. Und Du machtest Dir die Gelegenheit zu Nutze. Du forschtest sie tüchtig nach ihrer Herrschaft aus?

Emil. Pfui! Das wäre gemein gewesen

Georg. Hol' Dich der Teufel mit Deiner Moral! Wie erfuhrst Du denn Namen, Stand und Verhältnisse der Dame?

Emil. Von ihrem Namen und Stande weiß ich nichts.

Georg. Da haben wir's!

Emil. Aber von den Verhältnissen fing die Zofe von selber an zu schwatzen. Sie entdeckte mir, daß ihr Fräulein mit ihrem Vater hierher in's Bad gehe, um

sich mit einem Bräutigam zu vermählen, den sie durch=
aus nicht lieben könne.

Georg. Die Sache wird tragisch!

Emil. Daß ihr Fräulein über diese Heirath un=
glücklich sei und wahrscheinlich aus Herzeleid darüber
sterben werde.

Georg. Sieh mir Einer! Und Du?

Emil. Und ich?

Georg. Nun ja, was sagtest, was thatest Du?

Emil. Mein Gott, was sollte ich thun, was
sagen?

Georg. Einfaltspinsel! Alles, was Dir in den
Sinn kam.

Emil. Darauf verstehe ich mich nicht.

Georg. Natürlich! Darüber befindet sich ja nichts
im Römischen Staatsrecht.

Emil. Leider nicht.

Georg. Aber desto mehr, hier. (Er zeigt auf das Herz.)
O, wenn Du Dich nur halbwegs auf den Codex des
Herzens verstündest, Mensch, so würdest Du auf der
Stelle gewußt haben, daß die Zofe nur auf Befehl ihrer
Herrin mit Dir sprach! Daß sie nur mit Dir sprach,
um Dich für die Dame und ihr Schicksal zu entflammen!

Emil. Das dachte ich mir auch.

Georg. Und thatest nichts, ihr Dein Gefühl, ihr
Deine Neigung zu beweisen?

Emil. Wie sollte ich das denn machen?

Georg. Welch' eine Frage! Heimlich oder mit
offener Gewalt zu ihr bringen, Dich ihr erklären, sie

retten! Du weißt Dich Deiner Geliebten nicht zu ver-
sichern, wie ich.

Emil. Bist Du denn schon verheirathet?

Georg. Noch nicht, aber ich bin im Begriff, es zu thun.

Emil. Wo hast Du die Braut?

Georg. Hier am Ort.

Emil. Ist sie schön?

Georg. Wie ein Engel.

Emil. Reich?

Georg. Wie ein Nabob.

Emil. Gut?

Georg. Wie die Schöpfung. Um vollkommen zu sein, fehlt ihr nichts, als meine Frau zu werden.

Emil. Bist Du einig mit ihr?

Georg. Ganz und gar. Wir brauchen nur vor den Altar zu treten.

Emil. Und wann geschieht dies?

Georg. Morgen.

Emil. Ich gratulire!

Georg. Danke! Du sollst mein Brautführer sein. Wenn Du wolltest, könntest Du mich ihr auch noch heute vorstellen. Sie ist gewiß auf dem Balle. Du bist schon länger hier; Du wirst sie gesehen haben.

Emil. Kennst Du sie denn nicht?

Georg. Nein, sie ist mir vollständig fremd.

Emil. Wer hat denn die Partie gemacht?

Georg. Mein Vater.

Emil. Und darauf hin heirathest Du sie?

Georg. Von der Stelle weg. Er sagte, sie würde mich glücklich machen.

Emil. Und das glaubst Du auch?

Georg. Warum denn nicht! Das Wort meines Alten ist mir heilig. Ich verlasse mich darauf. Hier ist der Brief an meinen mir ebenfalls noch unbekannten Schwiegerpapa. Ich wollte mich eben nach ihm erkundigen, als ich Dir in die Arme lief. Nun mag es noch bleiben. Ich will Dir helfen, daß wir zusammen heirathen.

Emil. Das wird nicht gehen.

Georg. Laß mich nur machen.

Emil. Der Vater meiner Geliebten —

Georg. Wird umgangen —

Emil. Und ihr Bräutigam —

Georg. Geprellt! Warum will der Esel auch ein Mädchen heirathen, das ihn nicht liebt.

Emil. Du willst es ja selbst!

Georg. Das ist freilich wahr. Aber bei mir ist's etwas Anderes. Da wird die Liebe noch kommen.

Emil. Wenn sie aber nicht kommt?

Georg. Dann kommen Kinder, die sie ersetzen.

Emil. Du hast für Alles einen Behelf.

Georg. Darum vertraue Dich mir. Ich will für Dich werben. Ich thue es ja selbst. Das geht nun in Einem.

Emil. Was fangen wir an?

Georg. Das ist ganz gleich. Mit Allem, mit dem Verzweifeltsten, wenn es nöthig ist.

Emil. Du erschreckst mich!

Georg. Hans Hasenfuß! Ich bin zu Deinem Glück gekommen. Die Vorsicht des Himmels hat mich Dir in den Weg geführt. Mein Erscheinen ist ein Wink des Schicksals!

Emil. Du meinst also —

Georg. Still! Man kommt!

Emil. Was seh' ich?

Georg. Einen alten Herrn mit einer jungen Dame —

Emil. Dem Gegenstande meiner Liebe!

Georg. Vortrefflich! Das trifft sich charmant! Emil, das ist ein neuer Wink Deines Schicksals! Dein Schicksal hört nicht auf, Dir zu winken. Sei getrost! Ich und die Götter sind mit Dir. Du kannst Deine Ehe so gut wie geschlossen betrachten.

Zweiter Auftritt.

Georg. Emil (sich in den Hintergrund ziehend). **Bergrath**
und **Pauline.**

Bergrath. Was hast Du, liebes Kind?

Pauline. Ich weiß nicht, Vater — Mir ist nicht ganz wohl. Die Hitze, die vielen Menschen, das große Geräusch betäuben mich. Hier ist es leer und ruhig; hier kann ich mich erholen. (Für sich.) Ich sah ihn hier hinein gehen; hier muß er sein. (Sich umsehend.) Ah, da ist er!

Bergrath (um Paulinen beschäftigt). Setze Dich, mein Kind. Mach' es Dir bequem. Du hast Beklemmungen,

Wallungen, wie das immer bei den Mädchen der Fall ist, wenn sie den Bräutigam erwarten.

Emil (leise zu Georg). Wie gefällt sie Dir?

Georg (mit Pathos). Beim großen Gott, das Weib ist schön! —

Emil (leise ihm den Mund zuhaltend). Schrei nicht so.

Georg (leise). Dein Geschmack ist zu loben. In der That, in die könnte ich mich auch verlieben.

Emil (wie vorher). Du wirst doch nicht!

Georg (ebenso). Sei ohne Sorge. Ich habe mein Theil. Mein Herz gehört meiner Braut!

Emil (ebenso). Die Du nicht kennst.

Georg (desgleichen). Eben deswegen. Kännte ich sie vielleicht —

Bergrath. Wie fühlst Du Dich, mein Kind?

Pauline. Es geht mir schon besser, Papa.

Bergrath. Ist nur erst Dein Bräutigam da, so wirst Du gewiß gleich gesund.

Georg (leise). Den Teufel auch, darauf dürfen wir es nicht ankommen lassen!

Emil (leise). Was hast Du vor?

Georg (ebenso). Du mußt sie ansprechen.

Emil (wie vorher). Unter welchem Vorwande? Ich kenne sie ja nicht.

Georg (desgleichen). Ich will Euch gleich bekannt mit einander machen.

Emil (wie vorher). Aber auf welche Weise?

Georg (desgleichen). Auf die einfachste von der Welt. Ich stelle Euch einander vor.

Emil (wie vorher). Kennst Du sie denn?

Georg (desgleichen). Fällt mir nicht ein. Ich habe sie nie gesehen. Aber das ist auch gar nicht nöthig. Die Sache geht ohne das. Komm! (Vortretend.)

Emil (zurückbleibend, für sich). Ich, glaube, der Mensch ist verrückt!

Georg (zum Bergrath und Paulinen). Um Verzeihung, wenn ich störe. (Zu Pauline.) Wie befinden Sie sich, mein Fräulein?

Pauline (für sich). Endlich sucht man anzuknüpfen! (Laut.) Ich danke, mein Herr, es geht mir besser.

Georg. Sehr erfreut darüber, mein Fräulein. Ihr Unfall hat mich unendlich betrübt. Mein Gott! Welch' ein Unglück, krank zu werden auf einem Balle, während des Contretanzes!

Bergrath. Mein Herr!

Georg. Um Vergebung, Verehrtester! Wie ist Ihnen die Rheinfahrt bekommen? Sie haben schönes Wetter gehabt. Seit lange waren die Tage nicht so heiter, die Nächte nicht so sternenklar! —

Bergrath. Ich begreife nicht —

Georg. Erlauben Sie mir, Ihnen meinen besten, liebsten Freund, den ich auf dieser Erde besitze, vorzustellen. Emil Sander, mein Herr; Emil Sander, mein Fräulein! Ein Mann von vielem Talent und großen Fähigkeiten. Advokat, evangelischer Confession, von gutem Charakter, liebenswürdigen Eigenschaften, etwas scheu, aber sonst sehr brav, von gutem Herkommen, einigem Vermögen, noch unverheirathet —

Emil. Mein Herr — — Mein Fräulein! —

Georg. Keine Komplimente, wenn ich bitten darf. Gebt Euch die Hände, Kinder.

Bergrath (dazwischentretend). Welche Zumuthungen! Meine Tochter ist Braut. — Mein Herr, wir sind Ihnen sehr verbunden für die Ehre und das Vergnügen der Bekanntschaft, die Sie uns verschaffen. Aber wir bedauern, sie nicht cultiviren zu können. Meine Tochter erwartet ihren Bräutigam.

Georg. Und ich meine Braut, so passen wir zusammen.

Bergrath. Geht uns nichts an.

Georg. Das ist nicht Ihr Ernst. Nach der Theilnahme, die ich für Sie und Ihre Tochter bewiesen, können Sie nicht so herzlos sein, für mich und meine Angelegenheiten gar keine zu haben.

Bergrath. Ich kenne Sie nicht.

Georg. Und ich Sie auch nicht. Aber das thut nichts, mein Herr. Wir sind im Bade. Und im Bade sind alle Menschen bekannt, alle Menschen vertraut, alle Menschen intim.

Bergrath. Sie irren.

Georg. Im Gegentheile, Sie sind es, mein Herr, der sich irrt. Fragen Sie Ihre liebenswürdige Tochter, fragen Sie Fräulein — Fräulein, wie heißen Sie doch gleich?

Pauline. Mein Name ist Pauline.

Georg. Ganz recht. Pauline! — Ein schöner Name, Pauline. Er klingt so paulinianisch, so prächtig

und zugleich auch so süß. Ach, daß meine zukünftige
Frau doch ebenfalls diesen Namen führte, diesen Namen:
Pauline! — Aber, was wollte ich doch gleich sagen?
Ja, jetzt fällt mir's ein. Nicht wahr, Fräulein Paulin=
chen, Sie geben mir Recht? Sie stimmen mir bei?
(Ihr nahe tretend, leise.) Mein Freund liebt Sie überschweng=
lich, unaussprechlich. Er fleht, er bittet Sie um eine
Unterredung. Machen Sie sich los, kommen Sie hier=
her, wenn Sie ihn nicht auf ewig unglücklich machen
wollen.

Pauline (leise). Ist es wahr? Täuschen Sie mich
nicht?

Georg (ebenso). Fragen Sie sich selbst; fragen
Sie Ihr eigenes Herz!

Bergrath. Unerhört! Welch' ein Benehmen!
Was für eine Vertraulichkeit! (Zwischen Georg und Pauline
tretend.) Mit welchem Rechte, mein Herr, maßen Sie sich
meiner Tochter gegenüber diese Familiarität an? Wo=
her kennen Sie sie?

Georg. Aus der Pension her. Als ich noch im
Flügelkleide in die Mädchenschule ging! — Ach, es
war eine schöne Zeit das! — Fräulein Paulinchen und
ich, wir waren geschworne Busenfreundinnen; wir theil=
ten uns alle Erlebnisse, alle Ball=Bekanntschaften mit.

Bergrath. Ich glaube, Sie sind toll, mein Herr.

Georg. Nur bei Nordostwind, wie Hamlet sagt;
wenn der Wind südlich weht, kann ich einen Kirchthurm
sehr wohl von einem Laternenpfahl unterscheiden.

Bergrath. Sie treiben die Sache zu weit, mein

2

Herr — Komm, meine Tochter. Verlassen wir dieses Zimmer. Ich bin ein alter Mann, ich kann nichts thun, aber wenn Dein Bräutigam kommt, so sei versichert, wird er Genugthuung für ein so unverantwortliches Betragen fordern! (Bergrath und Pauline ab.)

Dritter Auftritt.

Georg. Emil.

Emil. Unglücklicher! Was hast Du gethan?

Georg. Dir zu Deinem Glücke verholfen.

Emil. Nennst Du das mir zu meinem Glücke ver-helfen, wenn Du mich mit dem Vater meiner Geliebten entzweist?

Georg. Was geht Dich denn der Vater an? Den willst Du doch nicht heirathen?

Emil. Nein!

Georg. Nun also, dann kümmere Dich auch nicht um ihn. Der Vater ist ein Narr, sammt dem Bräuti-gam, den er erwartet. Wie kann man der Bräutigam eines so schönen, reizenden Geschöpfes sein und sich er-warten lassen!

Emil. Er wird zeitig genug kommen, mir die Geliebte zu rauben —

Georg. Das soll er bleiben lassen, dafür stehe ich Dir. — Habe nur Muth und greife zu.

Emil. Aber wie kann ich das? Du hast Pauline mit ihrem Vater vertrieben.

Georg. Freilich!

Emil. Aber warum denn das?

Georg. Kurzsichtiger! Damit sie allein wieder komme.

Emil. Ich sehe sie niemals wieder! Das thut sie nicht!

Georg. Du weißt den Teufel, was ein Mädchen thut, das verliebt ist! Keine fünf Minuten dauert's, so ist sie hier.

Emil. Du träumst!

Georg. Ich denke nicht dran!

Emil. Aus welcher Veranlassung sollte sie kommen?

Georg. Ich habe sie bestellt zu einem Rendezvous mit Dir.

Emil. Mensch, das vermochtest Du?

Georg. Was ist denn da zu vermögen? Ich habe ihr gesagt, daß Du sie liebst; sie hat mir gestanden, daß sie Dich wieder liebt.

Emil. Das Alles in diesem Augenblick?

Georg. Was braucht man denn dazu für Zeit? Ein Wort, ein Blick genügen, um solche Angelegenheiten in Ordnung zu bringen. Die Deinige ist arrangirt. Fasse zu!

Emil. Wie? Wo? Wann?

Georg. Ewiger Umstandskrämer! Wann? Jetzt! Wo? Hier! Wie? Indem Du sie entführst!

Emil. Ein solcher Gewaltschritt erschreckt mich.

Georg. Dann entsage. Reise ab und lasse den Bräutigam kommen.

Emil. Nein!

2*

Georg. Dann wage. Dem Muthigen gehört die Welt, warum nicht auch ein hübsches Mädchen darin?

Emil. Wir wollen hören, was Pauline sagt.

Georg. Pauline wird zu Allem willig sein, wenn Du entschlossen bist und zögern, wenn Du Dich unschlüssig zeigst.

Emil. So sei es denn!

Georg. Das ist recht.

Emil. Aber wo bleibt sie nur? Am Ende kommt sie nicht!

Georg. Dann wäre sie die erste Verliebte, die nicht zum Stelldichein käme! — Da ist sie schon!

Vierter Auftritt.

Die Vorigen. Pauline.

Pauline (für sich im Eintreten). Mein Gott, da sind sie!

Georg. Nur herein, mein Fräulein!

Pauline. Ich weiß eigentlich nicht, ob ich recht daran thue.

Georg. Das sind Redensarten!

Pauline. Wenn man uns überraschte —

Georg. Haben Sie keine Angst. Ein guter Feldherr denkt vor der Schlacht nicht allein daran, wie er nach derselben den möglichen Sieg verfolge, sondern auch wie er bei einer etwaigen Niederlage den Rückzug decke. Und so ähnlich denke auch ich. (An die Thür tretend.) Hier, Fräulein Pauline, ist mein Posten. Naht sich irgend ein verdächtiger Schritt, so gebe ich ein Zeichen

.und Sie entfliehen durch eine dieser Nebenthüren, die wir jetzt zur Vorsicht von innen verschließen wollen. (Er thut es.) So! Nun sind wir in Ordnung. Fangen Sie an!

Pauline (für sich). Mir ist, als ob ich träumte! (Zu Georg, als dieser eben zur Thür hinaus will.) Mein Herr! Beurtheilen Sie mich nicht nach meinem Benehmen in dieser Angelegenheit, denn Sie würden ohne Zweifel alsdann einen falschen Begriff von mir bekommen. Ich weiß selbst nicht, was mich auf dieses verzweifelte Unternehmen hat eingehen lassen. Einmal war es Ihr lustiges Wesen, Ihr gutes Aussehen, Ihr humoristisches Reden, dann aber auch hauptsächlich die Angst vor meinem Bräutigam. Ich zittere vor seiner Ankunft.

Georg. Seien Sie außer Sorge, mein Fräulein. Dieser Wehrwolf von Bräutigam soll Ihnen nichts mehr anhaben. Ich stehe Ihnen dafür. Da (auf Emil zeigend). ist Ihr Verlobter, Ihr zukünftiger Mann!

Pauline. Mein Gott!

Emil. Fräulein Pauline!

Georg. Zur Sache! (Er tritt hinaus, wird aber von Zeit zu Zeit gesehen.)

Emil. Darf ich wirklich zu hoffen wagen, daß ich Ihnen nicht gleichgültig bin?

Pauline. Sie sind grausam, Herr Emil. Nach allem dem, was ich gethan, hätten Sie diese Frage nicht mehr an mich richten sollen. —

Emil. Verzeihen Sie. Ich kann noch immer an mein Glück nicht glauben.

Pauline. Mein Herz gehörte Ihnen vom ersten

Moment unserer Begegnung an. Ihre äußere Erscheinung und das, was ich Sie gesprächsweise sagen hörte, machte einen mächtigen, unauslöschlichen Eindruck auf mich. Mein Gemüth, meine ganze Seele flogen Ihnen zu. Ich weinte, daß Sie sich mir nicht näherten; daß Sie auf dem Dampfschiffe der Einzige waren, der kein Wort der Begrüßung, kein Wort freundlicher Anknüpfung für mich hatte.

Emil. O mein Gott, was that ich da?

Pauline. In der Verzweiflung darüber verrieth ich mich meinem Kammermädchen. Und diese, die mein Zustand dauerte, übernahm es, Sie auszuforschen. Was sie entdeckte, war nicht viel. Ihr Verhalten ließ nur auf einen geringen Grad von Theilnahme schließen.

Emil. Und doch fühlte, doch litt ich tief mit Ihnen. Ich schmiedete tausend Pläne, tausend kühne Anschläge, Sie Ihren mißlichen Verhältnissen zu entreißen, aber mir fehlte der Muth, sie auszuführen. Ich verstehe mich wenig auf das weibliche Herz. Ich wußte nicht, daß Sie mich liebten!

Georg (den Kopf zur Thür hereinsteckend). Holla! Seid Ihr noch nicht weiter, als bei der bloßen Liebeserklärung? Kinder, mit dieser Saumseligkeit kommt Ihr nicht weiter. Die Umstände drängen und ich sehe wohl, ich muß Euch mit praktischen Anleitungen zu Hülfe kommen. Also abgemacht: Ihr liebt Euch. Und da Ihr Euch liebt, wollt Ihr Euch angehören. Um Euch anzugehören, müßt Ihr Euch heirathen und um Euch zu heirathen, müßt Ihr heimlich davon gehen —

Pauline. Mein Gott!

Georg. Beruhigen Sie sich. Sie kommen öffentlich wieder.

Pauline. Aber mein Vater! Was wird mein Vater sagen?

Georg. Das weiß ich nicht. Aber das thut auch nichts. Der Vater kann sagen, was er will. So viel steht fest, zuletzt sagt er doch ja. Zuletzt sagen alle Väter ja. Das kenne ich. Aber still! Ich glaube, man kommt! (Er verschwindet.)

Pauline. Gott im Himmel!

Emil. Zagen Sie nicht. Vertrauen Sie mir. Pauline, wenn Sie mich lieben, so folgen Sie mir, so werden Sie die Meine. Ich habe ein artiges Vermögen geerbt, bekleide ein einträgliches Amt und besitze die Aussicht, eine glänzende Laufbahn zu machen.

Pauline. Das ist Alles gut. Aber das Aufsehen, der Zorn meines Vaters, die Wuth des Bräutigams.

Emil. Pauline! Wollen Sie mich, wollen Sie sich selbst, wollen Sie das ganze Glück Ihres Lebens der Scheu vor Eclat, einer Grille des Vaters, dem Verlangen eines ungeliebten Mannes opfern? Pauline, wenn Sie mich und sich selbst nicht auf ewig unglücklich machen wollen, so erhören Sie mich. Auf meinen Knieen beschwöre ich Sie —

Georg (wieder in der Thür erscheinend). Es war nichts! Ich täuschte mich! — Aber was sehe ich? Emil zu Ihren Füßen, Pauline? Also zögern Sie noch? Sind Sie noch nicht entschlossen?

Pauline. Ich weiß nicht — —

Georg. Wohlan, Pauline! (Auf sie zueilend, sie bei der Hand ergreifend.) So kommen Sie!

Pauline. Wohin?

Georg. In die Arme Ihres Bräutigams!

Pauline. Unmöglich!

Georg. Sie wollen es nicht anders. Rasch! Er erwartet Sie! —

Pauline. Ist er schon da?

Georg. Seit heute!

Pauline. Kennen Sie ihn?

Georg. Wie mich selbst.

Pauline. O Gott!

Georg. So seufze ich auch. Sie, so jung, so schön, so liebenswürdig! Und er!

Pauline. Was meinen Sie?

Georg. Er ist ein Ungethüm, ein Wütherich!

Pauline. Himmel!

Georg. Den rufen Sie vergebens gegen ihn an. Er ist ein dämonischer, höllischer Charakter.

Pauline. Was Sie mir sagen!

Georg. Ein Spieler, ein Duellant, ein Falschmün=zer, sagt man sogar. Ja, es giebt Leute, die ihn in den Abruzzen als Bandit unschuldige Kinder und liebende Jungfrauen haben morden sehen wollen. —

Pauline. Hören Sie auf. Sie werden mich ohn=mächtig machen vor Schreck und Angst.

Georg (für sich). Dies Portrait ist mir gelungen.

Emil (leise zu Georg). Du übertreibst.

Georg. (ebenso zu Emil). Das verstehst Du nicht. Das ist Rembrandt'sche Manier. Du siehst, sie wirkt.

Pauline. Ich bin in Verzweiflung!

Georg. Das heißt, Sie sind unser.

Pauline. Was fang' ich an?

Georg. Sie gehen mit Emil durch.

Pauline. Das wäre zu weit gegangen!

Georg. Nur eine kleine Viertelstunde. Bis auf das nächste Dorf. Und überdies bestelle ich die Post, Sie können fahren. Und Sie werden gut dabei fahren. Ich sage es Ihnen im Voraus.

Pauline. Giebt es denn gar keinen bessern Weg?

Georg. Nur Chaussee. Keine Eisenbahn.

Pauline. Sie verstehen mich nicht.

Georg. Lirumlarum! Die Zeit verstreicht.

Emil. Besinnen Sie sich, Pauline.

Pauline. Geht es denn gar nicht anders?

Georg. Nein, Bedenken Sie's selbst. Ihr Vater ist auf den Bräutigam versessen. Dieser Bräutigam hat ihn behext, ihn durch wer weiß was für höllische Mittel sich geneigt gemacht. Nie würde er freiwillig gestatten, daß Sie einen Andern mit Ihrer Hand beglückten.

Pauline. Freilich!

Georg. Darum also bleibt kein anderes Mittel als ihn auf unfreiwillige Weise dazu zu bringen.

Pauline. Allerdings!

Georg. Also wenden Sie's an!

Emil. Geben Sie gar nichts auf meine Bitten, Pauline?

Pauline. Emil!

Georg (an der Thür). Stille! Man kommt! Es ist Ihr Vater, Pauline. (Zu Pauline.) Bleiben Sie hier, mein Fräulein. Emil geht durch jene Thür in den Saal, um keinen Verdacht zu erregen, ich durch diese hier in's Freie, um die nöthigen Anstalten zur Flucht zu machen. In zehn Minuten ist Alles bereit!

(Georg durch eine Seitenthür ab.)

Emil. Habe Muth, Geliebte. Auf Wiedersehen!

(Emil durch die andere Seitenthür ab.)

Fünfter Auftritt.

Pauline. Bergrath.

Bergrath. Ah, da bist Du ja, mein Kind. Ich suchte Dich im ganzen Hause.

Pauline. Ich fühle mich wieder recht leidend.

Bergrath. Du armes Kind. Das kommt immer von der Erwartung des Bräutigams!

Pauline. Dieser Bräutigam ängstigt mich.

Bergrath. Warum nicht gar! Vor dem brauchst Du nicht bange zu sein. Das ist ein lieber, herziger Junge, wie ich von Allen erfahren, die das Vergnügen haben, ihn persönlich zu kennen. Du mußt Dir ihn nicht vorstellen, wie den leichtfertigen Burschen, den kecken Sausewind von vorhin. Nein, den könnte ich selber nicht leiden. Den würde ich Dir niemals zum

Ehemann geben. Viel eher den andern Menschen, die stille Seele, die der Tollkopf uns vorgestellt hat.

Pauline (lebhaft). Gefiel Dir der?

Bergrath. Er hatte etwas Gutes, etwas Solides in seinem Wesen. Hast Du das nicht auch gefunden?

Pauline. Allerdings!

Bergrath. Ich muß Dir gestehen, daß ich sogar eine Art von Gedanken über ihn habe.

Pauline (aufmerksam). Ueber den jungen Mann?

Bergrath. Ja, über den stillen, bescheidenen nämlich. Mir fiel ein, daß dies vielleicht der Dir bestimmte Bräutigam sei. Man kann nicht wissen, die jungen Leute haben ihre Schrullen. Vielleicht, daß er Dich vor der Verlobung pseudonym kennen lernen wollte und sich Dir deswegen auf eine so verwegene Weise zu nähern suchte. Eine Absicht scheint mir bei näherer Prüfung diesem sonderbaren Auftreten jedenfalls zum Grunde gelegen zu haben. Und welche könnte es sein, wenn nicht diese?

Pauline (für sich). Mein Gott! Hier könnte mein Vater Recht haben. Er hilft mir da auf eine Spur —

Bergrath. Was meinst Du, Pauline?

Pauline. Es kann wohl sein, Papa. Aber dieser junge Mann, wäre er Ihnen denn als Schwiegersohn erwünscht?

Bergrath. Sehr erwünscht, Paulinchen, sehr erwünscht. Er gefiel mir ganz ausgezeichnet.

Pauline. So? (Leise für sich.) Da fällt mir ein Stein

vom Herzen. Nun hat die Sache unter allen Umständen keine große Gefahr mehr.

Bergrath. Was murmelst Du denn da?

Pauline. Nichts, mein Vater. Ich freue mich, daß sich unsere Angelegenheit so glücklich zu gestalten scheint.

Bergrath. Mich auch, mein Kind, mich auch. Aber wir dürfen freilich nicht so sicher sein. Ich gab mein Wort. Und mein Wort muß ich halten. Wer sich mir als der Sohn meines alten Freundes legitimirt, der wird Dein Mann.

Pauline (für sich). Sicher ist sicher. Ich gehe mit Emil. Wo sein Freund nur bleibt?

(Die eine Seitenthür geht auf und man sieht Georg.)

Pauline (für sich). Wahrhaftig, da ist er schon! (Deutet Georg, draußen zu bleiben.) St!

Georg (die Thür schließend). Ach so!

Bergrath (der nichts gewahr geworden). Was giebts?

Pauline (für sich). Er hat zum Glück nichts gemerkt. (Laut.) Ich habe Brustbeklemmungen!

Bergrath. Das macht immer die Erwartung des Bräutigams! —

Pauline. Wenn ich nur ein Glas Wasser hätte. Mich befällt eine Art von Ohnmacht. (In die Bergère sinkend.) Papa, wenn Sie mir eine Erfrischung besorgen wollten! —

Bergrath. Gedulde Dich nur einen Augenblick. Gleich bin ich damit zurück. (Er geht durch die Mitte ab.)

Sechster Auftritt.

Pauline (allein).

Gott sei Lob und Dank, daß er fort ist. Nun können wir handeln. Bin ich doch selbst jetzt fast mit einem fröhlichen Herzen dabei. Die Reden meines Vaters haben mein Gewissen um ein Bedeutendes erleichtert. Mag Emil der mir bestimmte Bräutigam sein, oder mag er es nicht sein, da er meinem Papa gefällt, so wird unter allen Umständen sein Unwille nicht sehr groß sein.

Siebenter Auftritt.

Pauline. Emil.

Emil. Ich sah Ihren Vater das Zimmer verlassen und an das Büffet eilen, wo ein entsetzliches Gedränge von Menschen ist, die alle eine eben eingetretene Pause des Balles benutzen wollen, um sich einige Erquickungen zu holen. Wenn er für Sie oder sich selbst dort ein Labsal erobern will, so wird er lange warten müssen, bis ihm dies gelingt. Benutzen wir also die Zeit. Georg ließ mir durch seinen Diener sagen, es wäre Alles bereit, ich sollte zur Ausführung schreiten. Wohlan, da bin ich!

Achter Auftritt.

Die Vorigen. Georg (zwei Mäntel übergehangen, einen Regenschirm, einen Schlafrock, eine Hutschachtel und zwei Pantoffeln in der Hand).

Georg (zwischen sie tretend). Und da auch ich!

Emil. Aber in welchem Aufzuge!

Pauline. Was bedeutet das?

Georg. Eure erste Ausstattung, Kinder. Emil hat mir in der Eile seine Wohnung zu sagen vergessen. Ich konnte also von ihm keine Sachen besorgen. Da bringe ich von den Meinigen. Rasch, werft Euch hinein! Die Postchaise wartet. Hier, Emil, hast Du einen Mantel (giebt ihm einen von den beiden Mänteln), und hier, Paulinchen, haben Sie den andern. Er schützt Sie vor Nachtluft und Wind. So! Kehren Sie ihn um (dieser zweite Mantel muß bunt gefüttert sein), dann kann er für eine Mantille gelten. Emil, Du nimm hier noch den Schlafrock, damit könnt Ihr Euch die Füße bedecken. In der Hutschachtel sind noch einige Nachtmützen und sonstiger Toilettenbedarf. Die Pantoffeln, Paulinchen, nehmen Sie. Damit können Sie Ihr Regiment beginnen. Ich hätte Ihnen gern noch ein zweites Paar gebracht, aber ich besitze selbst nur das eine; Sie müssen sich damit behelfen. Und zur Noth geht es auch. Mit einem Pantoffel hat Jeder zunächst genug. Aber ich bitte Euch, mache ihn Keiner von Euch zum Linken. Bei Leibe nicht! Das bedeutet Unglück, sagen die Großmütter. — Nun seid Ihr gerüstet. Mehr kann ich Euch nicht geben. Meinen Segen ausgenommen, und den habt Ihr hiermit.

Emil (Georg umarmend, sehr gerührt). Georg! Edelmüthiges Herz!

Pauline (desgleichen). Uneigennützige Seele!

Georg. Keine Redensarten! Macht Euch aus

dem Staube. Der Postillon weiß Bescheid. Morgen komm' ich Euch mit meiner eigenen Braut nachgereist.

Pauline. Aber was wird aus meinem Vater?

Georg. Den bring' ich Ihnen sammt dem Bräutigam mit. Der Letztere ist poste restante in Empfang zu nehmen. — Nun aber adieu!

Pauline (Georg wieder umarmend, weinend). Leben Sie wohl! —

Emil (ebenso). Auf Wiedersehn!

Georg (Beide abwehrend und zur Thüre drängend). Nun ist es genuug. Macht Euch davon. Es ist die höchste Zeit, daß Ihr zum Teufel — das heißt, zum Prediger fahrt — Glückliche Reise! — (Pauline und Emil ab.)

Neunter Auftritt.

Georg (allein, sich in die Bergère werfend, auf welcher sich Pauline beim Abgehen des Bergraths niedergelassen).

So! Das hätten wir glücklich besorgt! Der Bräutigam Paulinens ist auf die beste Weise geprellt. Nun wäre es, dünkt mich, Zeit an meine eigene Bräutigamschaft zu denken. Beginne ich also mit meinen eigenen Angelegenheiten und zwar zuerst — mit dem Anzünden einer Cigarre. (Eine solche aus einem Etui nehmend und am Lichte anbrennend.) Die hat mir lange gefehlt. So! — Jetzt gilt es zu überlegen. (Einen Brief hervorziehend.) Dies ist der Brief an meinen künftigen, mir bis jetzt noch unbekannten Schwiegervater. Wenn er nur nicht auch ein solches Exemplar ist wie Paulinens Vater. Dieser ist mir nicht grade angenehm, muß ich aufrichtig bekennen, und ich beneide den guten Emil durchaus nicht um das Glück seiner näheren Verwandtschaft.

Zehnter Auftritt.

Georg. Bergrath.

Bergrath (mit einem Glase Wasser, sehr erhitzt). Da bin ich endlich! Es war ein so fürchterliches Gedränge um das Büffet, daß man mir die Brille auf der Nase zerbrochen. Armes Kind, Du hast warten müssen. Wo bist Du? Noch immer auf Deinem alten Platze? — Ach Gott, es scheint, sie ist ohnmächtig geworden. Das macht immer die Erwartung des Bräutigams — Rasch, wir wollen sie wieder in's Leben rufen.

(Bespritzt Georg mit Wasser.)

Georg (der in Gedanken versunken, den Bergrath nicht bemerkt hat, auffahrend). Zum Teufel, was ist das?

Bergrath. Himmel, da habe ich mich geirrt. Das ist der Tollkopf von vorhin!

Georg. Was soll das bedeuten, mein Herr?

Bergrath. Um Vergebung! Ich erkannte Sie nicht. Ich hielt Sie für meine Tochter. Meine Tochter war aus Erwartung des Bräutigams ohnmächtig geworden. Dies Wasser sollte sie zu sich bringen.

Georg. Das ist nicht mehr nöthig.

Bergrath. Ist sie also auf diesem Wege, sich besser zu befinden? —

Georg. Meiner Rechnung nach bereits eine Viertelmeile.

Bergrath. Mein Herr, ich verstehe Sie nicht.

Georg. So will ich deutlicher sein. Nehmen Sie Platz.

Bergrath. Ohne Umstände, wenn ich bitten darf.

Georg (für sich). Er thut mir doch etwas leid, der alte Mann. Ich will ihm die Nachricht daher ein wenig behutsam beibringen. (Laut.) Erschrecken Sie nicht, mein Herr.

Bergrath. Was soll dieses Vorwort? Es ist meiner Pauline doch kein Unglück geschehen?

Georg. Nicht grade ein Unglück, aber —

Bergrath. Mein Herr, Sie foltern mich.

Georg. Erfahren Sie denn, daß Ihre Tochter nicht mehr hier unter uns verweilt, sondern, daß sie —

Bergrath. Mein Gott, was werde ich hören! Sie ist doch nicht etwa —

Georg. Freilich ist sie —

Bergrath. Dahin! —

Georg (nach der Seite deutend, auf welcher Pauline verschwunden). Ja, dahin, sehr dahin. Mit einem Wort, es hat sie der Teufel geholt —

Bergrath (auffahrend). Der Teufel, mein Herr, der Teufel?

Georg. In Gestalt meines Freundes!

3

Bergrath (freudig). Ihres Freundes, sagen Sie, Ihres Freundes? Ach so! Das ist etwas Anderes! Also habe ich mich nicht getäuscht! Ihr Freund heißt nicht Emil Sander, sondern —

Georg. Um Vergebung! Nicht Emil Sandersondern. Da sind die beiden letzten Sylben zu viel. Er heißt kurzweg Emil Sander. Herrn Sandersondern habe ich nicht das Vergnügen zu kennen. —

Bergrath. Sie foppen mich, mein Herr.

Georg. Durchaus nicht. Fräulein Pauline ist mit Herrn Emil Sander durchgegangen, um sich im nächsten Dorfe mit ihm trauen zu lassen.

Bergrath. Das ist entsetzlich!

Georg. Sie irren sich. Nicht entsetzlich, gesetzlich ist es!

Bergrath. Diese Gesetzlichkeit wird man wenig respektiren. Ich lasse diese Trauung null und nichtig erklären.

Georg. Was der Himmel zusammenfügt, das soll der Mensch nicht trennen.

Bergrath. Ich möchte rasend werden!

Georg. Gebrauchen Sie Ihre Bequemlichkeit.

Bergrath. Ihr Freund ist ein Schelm!

Georg. Ein Ehrenmann!

Bergrath. Ein Mädchenräuber!

Georg. Ein Tugendheld!

Bergrath. Man muß ihn verfolgen!

Georg. Das leid' ich nicht!

Bergrath. Ihn in's Gefängniß werfen!

Georg. Warum nicht gar!

Bergrath. Wenn der Bräutigam kommt!

Georg. So zieht er mit langer Nase ab.

Bergrath. Das wird er bleiben lassen. Sie haben die ganze Geschichte eingerührt, an Sie wird er sich halten. Er ist ein Mann von Ehre —

Georg (spottend). Das wäre!

Bergrath. Ein kluger Kopf!

Georg (wie vorher). Ein Tropf!

Bergrath. Fürchten Sie seine Rache!

Georg (wie vorher). Ich lache!

Bergrath. Wird Ihnen vergehn!

Georg (wie vorher). Wollen wir seh'n!

Bergrath. Wissen Sie, wie er heißt?

Georg. (wie vorher). Bin nicht begierig!

Bergrath. Er nennt sich Georg Holly.

Georg (plötzlich ernst). Sind Sie des Teufels?

Bergrath. Aha! Kommt die Reihe des Erschreckens an Sie?

Georg. Was sagen Sie da! Ich habe in Ihnen doch nicht etwa die Ehre den Herrn Bergrath Schachner vor mir zu haben?

Bergrath. Der bin ich allerdings!

Georg. Hole mich der Kuckuk! Das ist zum Verzweifeln!

Bergrath (spottend, wie vorher). Geniren Sie sich nicht!

Georg. Was that ich da? Donner und Wetter!

Bergrath. Ganz nach Belieben!

3 *

Georg. Georg Holly bin ich!

Bergrath (lachend). Der Tropf, der Mann ohne Ehre, den man verlacht! Sehr erfreut darüber!

Georg. Ich bin geprellt!

Bergrath (spottend). Das scheint mir auch!

Georg. Sander hat mich getäuscht!

Bergrath (wie vorher). Der Ehrenmann!

Georg. Er hat mir die Braut gestohlen!

Bergrath (wie vorher). Der Tugendheld!

Georg. Man muß ihn verfolgen!

Bergrath (wie vorher). Das leid' ich nicht!

Georg. In's Gefängniß soll er!

Bergrath (wie vorher). Warum nicht gar!

Georg. Mein Herr, Sie wollen mich necken!

Bergrath (lachend). Wie Sie vorhin mich! Das Blatt ist gewendet.

Georg. Um des Teufels zu werden! Die Sache hört auf, ein Spaß zu sein.

Bergrath (immer lachend). Im Gegentheil, sie wird es nun erst.

Georg. Das seh' ich nicht ein. Was lachen Sie denn?

Bergrath. Aufrichtig gesagt, weil ich mich freue, daß Sie nicht mein Schwiegersohn geworden. Ich kann Sie nicht ausstehn.

Georg. Und ich Sie auch nicht.

Bergrath. Ihr Freund gefällt mir weit besser.

Georg. Ihre Tochter mir leider auch.

Bergrath. Sie haben sie sich selbst geraubt.

Georg. Der Teufel weiß es! Ich war mit Blind-
heit geschlagen. Wie konnte ich nur so thöricht sein,
den Kram nicht zu merken.! —

Bergrath. Das passirt einem manchmal. Zu
Zeiten ist man gerade da am dümmsten, wo man glaubt
am klügsten zu sein.

Georg. Ich habe mich selber geprellt!

Bergrath. Nun aber, da es geschehen, lassen
wir's gut sein. Die Geschichte ist gar zu komisch! (Lacht.)

Georg (für sich). Sollen die Andern alle lachen und
ich mich ärgern? Nein, lieber lache ich mit! Mache ich
gute Miene zum bösen Spiel! (Laut, lachend.) Ja, die Geschichte ist gar zu komisch!

Bergrath. So sind wir einig? (Ihm die Hand bietend.)

Georg (sie ihm gebend). Es sei!

Bergrath. Die Kinder sollen einander behalten.

Georg. Sie sollen einander behalten!
(Die letzten Worte sind unter herzlichem Lachen gesagt worden.)

Elfter Auftritt.

Die Vorigen. Pauline und Emil
(sind während der letzten Worte eingetreten).

Emil. Was giebt es da?

Pauline. Sie sind ein Herz und eine Seele!
(Zum Bergrath.) Vater, zürnen Sie uns nicht?

Bergrath (entzückt). Pauline! Meine Tochter!
Durchaus nicht! Wo ist Dein Mann?

Pauline. Da steht er!

Bergrath (zu Emil). An mein Herz!

Emil (in des Bergrath Armen). Theuerster Herr Bergrath!

Bergrath. Liebster Sohn!

Emil. Sie sind mir nicht böse?

Bergrath. Im Gegentheil! Von Herzen gut.

Pauline. Nun sind wir glücklich! Und durch Sie, Herr Georg. —

Emil (auf Georg mit offenen Armen zueilend). Freue Dich!

Georg (ausweichend, ärgerlich). Fällt mir nicht ein!

Emil. Was hast Du?

Georg. Ich bin Dir böse.

Emil. Warum?

Georg. Du täuschtest mich.

Emil. Wie kannst Du das denken?

Georg. Wußtest Du wirklich nicht, daß ich der für Pauline bestimmte Bräutigam war?

Emil. Mit keiner Sylbe. Ich erfuhr das erst unterwegs aus den Mittheilungen Paulinens. Deswegen kehrte ich auch sogleich um.

Georg. Also seid Ihr noch nicht getraut?

Emil. Nein.

Georg. Dann geht ja noch Alles gut zu machen.

Bergrath. Nichts da, ich habe Ihr Wort. Die Kinder sind zusammengegeben. (Georg parodirend.) Was der Himmel zusammenfügt, das soll der Mensch nicht trennen.

Georg. Alberne Reden! Der Himmel hat hier gar nichts zu thun gehabt. Ich allein habe die ganze Geschichte eingerührt.

Emil. Aber, wie Du selber gesagt hast, auf den Wink des Schicksals!

Georg. Das Schicksal sammt seinen Winken soll der Teufel holen! —

Pauline. Das Alles hilft nicht. Ich liebe Emil.

Georg. Dann ist freilich nichts zu machen. O, über mich Esel! — Was wird mein Vater sagen?

Bergrath. Er wird, wie ich und alle Welt, über den Bräutigam lachen, der seine Braut verheirathet!

(Der Vorhang fällt.)

Alter schützt vor Thorheit nicht.

Lustspiel in einem Act.

Perſonen.

Swieten, Pachter.

Kläre, ſeine Frau.

Wilhelm, ihr Sohn.

Käthi, eine entfernte Verwandte.

Ruprecht, der Knecht.

Ort der Handlung: Swieten's Pachthof, nahe bei Gent, in den Niederlanden.

(Eine wohleingerichtete niederländische Pachterstube mit einer Seiten- und einer Mittelthür.)

Erster Auftritt.

Swieten. Die Frau.

(Man hört den alten Swieten draußen schelten; seine Frau kommt zur Seitenthür herein und sieht zur Mittelthür hinaus.)

Frau. Was giebt's nur wieder da? Kaum ist er
auf
Von seinem Mittagsschlaf, so ist der Teufel
An allen Eck' und Enden wieder los.

Swieten (tritt herein, die Thür hinter sich zuschlagend).
Gott's Donnerwetter fahr' Euch in's Gebein,
Verfluchtes Lumpenpack! Ich will Euch lehren
Dem, was ich sage, pünktlich nachzukommen!

Frau. Was lärmst Du denn?

Swieten. Zum Teufel, soll ich nicht,
Wenn's eine Wirthschaft wie in Polen giebt?
Hat man nicht selbst bei Allem seine Nase,
So wird das Kleinste nicht, wie's soll, gethan.
Da hab' ich zehn Minuten kaum genickt;

Und wie ich nur das Bißchen Mittagsschlaf
Mir aus den Augen reibe — hol's die Pest! —
Giebt's Aergerniß, wohin der Blick sich wendet.

    Frau. Was hat's denn wieder?

    Swieten.   Was es wieder hat?
Gott's Schlag! Unordnung hat's und Ungehorsam,
Wo man nur hinschaut in des Hauses Winkel:
Ein Jeder geht und thut, wie's ihm beliebt
Und um's Geheißne scheert kein Teufel sich!

    Frau. Zur Sache, Alter! Sag, was giebt's?
                      Wohl wieder,
Glaub' ich, 'ne Kleinigkeit, die werth nicht ist,
Daß man erst d'rüber spricht.

    Swieten.   Was Kleinigkeit!
Was sprechen! Hol's der Henker! sag' ich, Weib,
Was ich befohlen, will ich, das gescheh'.
Hab' ich das Maul mir wund gesprochen nicht,
Daß mir die Käthi nicht hinaus soll geh'n
Auf's Feld! Und wie ich aufsteh' und hinaus
Nur trete in den Hof, und frag' den Ruprecht,
Den Esel, den! und sag': wo ist die Käthi?
Schaut mir der Kerl wie'n Schaaf in das Gesicht,
Und sagt: Herrje! auf's Feld ging sie hinaus,
Dem Wilhelm und den Knechten Vesper tragen.
Gott's himmeltausend Element! wie oft
Soll ich's denn sagen noch und wiederkäuen,
Daß ich nicht will, daß sie hinausgeh' auf
Das Feld; ich will nicht haben, daß sie Vesper
Noch sonst was trage. Schlag das Wetter drein!

Sie soll daheim mir bleiben und im Hause
Die Wirthschaft führen und zur Hand Dir geh'n.
Das soll sie, sag' ich, nicht auf's Feld 'naus laufen.

    F r a u. Die Lies' ist in die Stadt hinein, die Butter
D'rin zu verkaufen, und die Hanne liegt
Zähnklappernd ganz in ihrem Bette oben
Im Fieberfrost, und der wahrhaft'ge Tod
Sitzt ihr schon blau und gelb auf starren Lippen.
Ich kann die Magd in ihrer Noth allein
Nicht lassen; weißt, sie hat uns treu gedient,
Und Undank wär's und schwarze Sünde auch,
Wenn ich zur Pflege nicht ihr Jemanden
Gestellt, und das thut Lene. Also siehst,
Drei Mägde sind vertheilt im Dienst, und weißt,
Drei Mägde sind's, die wir im Dienste haben.
Ich kann mir eine vierte, fünfte, sechste
Nicht aus dem Aermel schütteln und ihr sagen:
Geh', sollst die Vesper auf die Felder tragen.

    S w i e t e n. Ei, sag' mir nur in aller Welt, warum
Kann denn der Ruprecht nicht, das Schaafsgesicht!
Der doch zu sonst nichts taugt, als drauß' im Hof
Maulaffen feil zu haben in der Sonne,
Ei sag', warum kann der denn nicht die faulen,
Die langgespreizten schiefen Beine schmeißen,
Um etwas auch doch für sein Lohn zu thun?

    F r a u. Wie Dich der Aerger wieder ungerecht
Und undankbar und ganz verblendet macht!
Der Ruprecht ist ein treuer, guter Knecht;
Und daß er jetzt nicht laufen kann und springen,

Wie sonst, nach jedem Augenwink, den er
Dir abgeseh'n, das macht, weil er beim Bau
Des neuen Pferdestalls vom Dach gefallen
Und's Bein sich brach am Kniee morsch entzwei.
Noch ist's nicht ganz geheilt, und soll ich nun
Hinaus ihn schicken, wie er's selbst gern möchte,
Daß er in dieser Hiß' den Brand darein
Sich hole und den Tod von habe? He!
Warum kann denn die Käthi nicht 'mal geh'n?
Es wird ihr ja nicht gleich das Leben kosten,
Und ihrer weißen Haut wird's auch nicht schaden,
Wenn sie die Sonn' ein wenig brauner sengt.
Zum Auspuß hab' ich sie zu uns in's Haus
Nicht aufgenommen; nein, sie soll hier thun,
Was von den Andern übrig bleibt zu thun.

    S w i e t e n (der inzwischen an's Fenster getreten).

Da schaue, schau! Daß Dich das Wetter schlag'!
Da schau die Käthi, schau wie's ihr bekommt!
Ganz feuerroth brennt das Gesicht, als sollt'
Die Flamm' ihr gleich aus beiden Backen schießen.
Und um die Stirn fliegt aufgelöst das Haar,
Das seidenfeine, wie die Sommerfäden. —
Sie wird noch krank, das arme Ding, und stirbt,
Derweil die Andern sich die Wänste mästen.

    F r a u. Mein lieber Himmel! Was Du wieder
                        polterst!
Der Wilhelm oder Einer sonst hat ihr
Das Band aus Neckerei am Zopf gelöst.
Es macht sich Jeder gern mit ihr zu schaffen.

Swieten. Der Teufel fahr den Lümmeln in's
Genick:
Was scheert die Käthi sie und ihre Zöpfe?
Die Süßen spielen, die Charmanten machen,
Das glaub' ich, will den faulen Rekeln schmecken!
Den Raps, das Korn — die mag der Kuckuk schneiden!

Frau. He, Alter, bist Du nicht gescheut, daß Du
So lärmst, als ging die ganze Welt in Stücke?
Schrei' Du den Andern vor; ich gehe meiner Wege.
(Sie geht ab.)

Zweiter Auftritt.

Swieten (allein).

Swieten (nachdem er seiner Frau, eine Weile verdutzt nachgesehen,
sich vor die Stirn schlagend).

Was thu' ich, alter Esel? Gottes Blitz!
Mein Weib fiel sicherlich nicht auf den Kopf
Und weiß: wo Bartel Most holt! 'S wundert mich,
Daß sie bei meinem Eifer für die Käthi
Nicht was Verfängliches herausgehorcht.
Hol' mich der Teufel auch! Wahr und wahrhaftig,
Bei'm Satan, bei dem Feu'rgewappneten!
Ich weiß es nicht, was für ein Schalk mir in
Den Augen hockt, daß sie so schmachtend sich,
Wie Frühlingsknospen nach dem Licht der Sonne,
Sich so nach dieses Mädels Anblick richten!
Bei Gott! Es ist nicht glaublich, denkbar nicht,
Daß man in späten, grauen Jahren noch
Ein solcher Narr, ein solcher Geck kann werden.

4

Hans Knickbein ich, ich alter Tropf, ich Thor,
Der ich 'nen Sohn von zwanzig Jahren habe
Und wie ein Knabe noch von fünfzehn fas'le!
Vergißmeinnicht und Veilchen könnt' ich suchen,
Um für ihr Mieder einen Strauß zu winden. —
Der Teufel hol's! Da muß ein Ende kommen,
Will ich zum Spott des ganzen Dorf's nicht werden!
Ich will nicht denken an die Dirne mehr
Und nur nach Haus und Stall und Scheune seh'n.
Fort in den Hof!

(Im Abgehen plötzlich sinnend stehen bleibend.)

        Ob ich sie da wohl treffe?
Ich gäb' was d'rum ....

(Auffahrend.)

        Was schwätz ich da?
Zum Teufel die verdammte Narrethei!
Wo steckt der Ruprecht, der Hallunke der?
Ich hätte Lust, den Kerl recht durchzuprügeln!

(Er geht ab.)

Dritter Auftritt.

Die Frau und Käthi (treten gleich darnach ein).

Frau. Ei! Mädel, sprich mir von der Leber weg!
Bis jetzt hab' ich Dich wenig noch verstanden.
Käthi. Frau Swieten, ja, ich möcht's Euch gerne
                        sagen,
Recht deutlich, recht verständlich und recht klar;
Doch sagt sich's schwerer, wahrlich, als sich's thut.

Frau. Herr Jesus! Kind, so mach' mir nur nicht
Angst!

Käthi. Frau Swieten, seht, Eu'r Sohn, der Wilhelm, der —

Frau. Nun — der —

Käthi. Ja, der, Frau Swieten, ist, Ihr wißt's —

Frau. Der ist — nun ja, der ist — was ist er
denn,

Mein Kind?

Käthi (wie erleichtert). Der ist ein schmucker Mensch.

Frau. Ei nun!

Er ist so übel grade nicht und kann
Zufrieden sein, wie Gott ihn hat geschaffen.

Käthi (sehr lebhaft).

Das kann er, denn er ist der schönste Bursch
Hier weit und breit. Die Leute nennen ihn
Den schönen Wilhelm, wo er sich nur zeigt.

Frau. Ei sieh! — Doch weiter!

Käthi (sehr verlegen). Weiter — seht, Frau Swieten,
Nun fängt's erst an, was ich Euch sagen wollte.
Der Wilhelm, der — ja seht, der hat mich gern,
Der hat, wie man so sagt, ein Aug' auf mich,
Und wo ich geh' und steh', kommt er mir nach,
Und zieht bald hier, bald da mich an der Schürze,
Bald hier und da am Zopf mich, an der Hand,
Und sagt (sehr naiv) und sagt so ganz kuriose Sachen.
So: Guten Tag, lieb' Käthi, guten Tag,
Lieb' Kind! Wie schön Du bist und gut! Wie Dir
Das bunte Mieder steht! Du bist zum Küssen!

4*

Ich liebe Dich und will — ich will — das sagte
Erst neulich er, wie er am Brunn mich traf,
Die Hand mir nahm und mir den Nacken küßte;
Da war's, wo er mir sagte — —

(Sie stockt.)

    Frau.   Sprich! Was sagte
Der Wilhelm da, als er den Nacken Dir
Am Brunnen küßte und die Hand Dir nahm?

    Käthi. Er sagte — (weinerlich) sagte: heuren will
                            ich Dich,
Du sollst mein Weib sein, Käthi, oder keine.

    Frau. Der Schlingel, der, mit seinem Schwatzen!
                     Warte!

    Käthi. O scheltet ihn nicht, scheltet nicht, Frau
                      Swieten!
Der Wilhelm kann ja nicht dafür; ich auch nicht.
Ich hab' ihn gar so lieb, und kann, weiß Gott!
Nicht böse sein, nicht sitzen und ihm schmollen,
Daß er mir armen Ding so viele Lieb'
Erweis't und solche Sachen sagt, und es
Doch weiß und hörte, was Herr Swieten neulich,
Als er von Wilhelm sprach, verlauten ließ.
Der Wilhelm muß ein Mädel frei'n, sprach er,
Die ein'ge tausend Batzen mit ihm bringt
In's Haus, auf daß er eine Wirthschaft treiben
Und einen Pachthof übernehmen kann.
Mir fuhr es wie ein Stich in's Herz, und Thränen
Entstürzten meinem Aug'; und als Herr Swieten,
Warum ich mir die Augen riebe, fragte,

Da ward ich roth und log und sagt', es wär'
Ein Körnchen Hirse, die ich eben las,
Mir unverseh'ns hineingesprungen. Aber
Der Wilhelm sah mich an und blinzte mit
Den Augen, lachte still und sprach kein Wort.
Ich bin so arm, wie eine Kirchenmaus.
Ihr habt mich ja aus Mitleid nur, da Vater
Und Mutter starben, aufgenommen. Ich kann
Und darf ja nie sein Eh'weib werden, und sag's
Euch d'rum, daß Ihr's dem Wilhelm sagt. Ich kann's
                          nicht;
Es bräch' mir's Herz entzwei, wenn ich es sollte.
              (Weint.)

    Frau. I nun, lieb' Käthi, weine nur nicht gleich;
Es kann wohl Alles gut noch werden. Wer weiß,
Was heut', was morgen kann gescheh'n, und ich,
Mein Kind, ich muß Dir sagen, mir wär's schon recht,
Wenn Dich der Wilhelm nähm'. Du bist ein rührsam
Und ein geschäftig Wesen; Arm' und Bein'
Weißt in der Wirthschaft regsam Du zu brauchen
Und geht Dir Alles wacker von der Hand.
Bist sonst ein frommes und ein gutes Mädchen,
Bist schön und kräftig und doch auch mit uns
Verwandt; nur freilich —

    Käthi.   Was?

    Frau.   Der Vater, mein' ich,
Der freilich wird das Maul aufreißen erst,
Und schrei'n und toben, als ob's Sünde wär'.
Doch —

Käthi.   Doch? Was — doch?

Frau.   Doch wenn Ihr Euch nun liebt —

Käthi. Doch wenn Ihr Euch nun liebt! Doch
                              wenn! Doch wenn!

Ach, Mutter Swieten, wenn? Vom Wenn ist nicht
Die Rede mehr. Wir lieben uns, weiß Gott.

        Frau. Ei nun, so denk' ich, giebt er sich schon
                              drein.

Der Vater, weiß ich, hat Dich gern —

        Käthi *(sehr beeifert).*   Er hat
Mich lieb, Frau Swieten. Seht, er sagt mir oft,
Ich sei ein schmuckes Ding, und kneift dabei
Die Backen mir und blinzelt mit den Augen,
Ihr wißt ja, wie er's macht — grad' so, als wenn
Er Eierkuchen ißt, sein Leibgericht,
Den ihr ihm buft, und mit der Zunge schnalzt.
Ja, ja, Frau Swieten, glaubt, er hat mich gern
Und oft schon sagt' er mir: wär' ich nur jung
Und ledig, Mädel, auf der Stelle gleich —

        (Sie stockt und zupft verlegen an der Schürze.)

        Frau. Na, was denn? Auf der Stell'? Heraus
                              mein Kind!

Ei, sperr' Dich nicht, und sag's! Nicht wahr? Er
                              sagte:
Er möchte jung sein, auf der Stell', gleich nähm'
Er Dich zum Weib und ließ die Kläre laufen.
Nicht? Sagt' er's nicht? Nicht? War's nicht so?

        (Käthi nickt verschämt mit dem Kopfe.)

                              Der Gauner!

Der alte Geck der! Warte! Will ihm schon
Die Lust vertreiben! Wart', Du Leckermaul!
Nun geht mir auch ein Licht auf, recht ein helles,
Warum er so besorgt that um Dich, Mädchen,
Nicht leiden mocht', daß Du hinausgehst auf
Das Feld, und so erboß't sich nahm, als ich
Ihm sagt', die Burschen draußen thäten schön
Mit Dir und trieben allerlei verliebte
Neckerei'n. Du hätt'st ihn sehen sollen,
Wie er da schnaufte und das Maul aufriß!
Na, warte, Schelm! Dafür sollst Du mir büßen.

      Käthi. Was habt Ihr vor, Frau Swieten? Doch
                              nichts Arges?

      Frau. Ei, Närrchen Du! Du denkst wohl gar,
                               ich werd'
Ihm Gift und Tod in seinen Nachttrunk mischen!
Wie? oder glaubst, ich werde vor ihn treten,
Die Hände in die Seiten eingestämmt,
Und schrei'n und zu ihm sagen etwa:
Du Galgenstrick! Erzschelm! Du Bösewicht!

                 (Sie lacht.)

I, Jemine! Was stehst denn da und kuckst
Mich an mit Deinen großen Augen ganz
Verwundert? Ei, Du Närrchen, liebes Du!
Das werd' ich hüten mich und ihm so sagen;
Behüte Gott! den Mund nicht thu' ich auf.
Ich werd's ihm ganz so in der Stille in
Die Suppe brocken, schön noch mit ihm thun
Und sprechen: guter Du, und liebster Schatz!

Was für ein Herzensmann Du bist! — Und so,
Siehst Du, so werd' ich sagen und ganz leise
Ihn mit der Nas' auf seine Narrheit stoßen.
Das wirkt viel besser als das Lärmen machen.
Da sieht er recht, daß seine Frau doch viel
Vernünft'ger ist als er, und hat dann Zeit,
Sich recht nach Herzenslust zu schämen. Nein,
Ich bitt' Dich, Käthi, merk' mir d'rauf, wie ich
Ihn strafen und in's Netz ihn locken werde,
Daß er nicht giepsen kann noch gapsen und
Sein Jawort giebt, nur daß er los kommt, glimpflich
Und ohne Aergerniß. — So hör': ich geh'
Hinaus und schick' ihn Dir mit irgend einem
Vorwand herein, den alten Sünder den!
Ihr seid dann Beid' allein; und wenn er nun,
Wie das zu hoffen steht, fängt an zu schmunzeln,
Und in die Back' Dich kneist und mit den Augen
So blinzelt, wie Du weißt, so thu' Du nur
Recht zärtlich, hörst Du, recht verliebt, so ganz,
Als wenn's der Wilhelm wäre, der Dir schmeichelt.
Und wenn er dann Dich küssen will, der Schalk,
Und um die schlanke Hüfte mit den Armen
Herum handtiert und Dich umfassen will,
So schlag' ihm in's Gesicht und sag': das schickte
Am Tag' sich nicht vor aller Menschen Augen;
Er möchte Abends, wenn es dunkeln wird,
Sich einstell'n oben in der Polterkammer,
Da würdest Du sein warten um Schlag neune.
    Käthi. Ei, Mutter Swieten, was verlangt Ihr da?

Wenn das der Wilhelm mir erfährt, ja oder
Dazu gar kommt, da würd' ich übel stehn!
Er läuft mir so ja allweg nach, und wo
Ich hinkomm' nur, gleich kriecht er aus den Winkeln.
Bedenkt doch nur, das würde Lärmen geben
Und mich mit Recht könnt' er dann schelten, vor
Mir ausspei'n, sagend: pfui, Du schlechte Dirne!
Du willst den Sohn lieb haben, was? und läufst
Dem Vater nach in alle Winkel! Pfui!
Nein, nein; der Wilhelm dürft's nicht sehn und doch
Darf ich's nicht thun, sieht's Wilhelm nicht.

    Frau.   Ei kuck!
Der Wilhelm — ei, versteht sich, muß dazu.
Der ebenfalls, versteht sich — ganz gewiß.
Grad' um dieselbe Zeit, wenn's dunkel wird,
Bestellst Du ihn Dir in die Polterkammer.
Versteh'st? Grad' um dieselbe Stund' und sagst:
Da würdest Du sein warten um Schlag neune.

    Käthi. Wie ist mir denn! Was soll mir das,
                    Frau Swieten?

    Frau. Was Dir das soll? Ei, Gänschen, Du!
                        Begreifst
Du's nicht? So wart', dann wirst Du's schon er-
                        fahren.
Vorerst bestell' sie nur zur Polterkammer,
Das ist die Hauptsach' jetzt. Das Weitere:
Wie Du dort sprechen sollst und Dich gebehrden,
Das Alles, Kind, sag' ich Dir später noch.
Hab' nur nicht Angst; es soll gar spaßig werden.

Es giebt nichts Luſtiger's, das glaub' mir, Schatz,
Als ſo verliebte Gecken, die man narrt.

   Käthi. Frau Swieten, was ſoll daraus werden?
   Frau.   Kind!
Nicht Mord und Todtſchlag, nein, ein Eh'paar, glaub's,
Ein Eh'paar ſoll d'raus werden, Du und Wilhelm.

   Käthi. Ach Gott, ach Gott! Wenn's nur kein
                Unglück giebt!
Des Wilhelms Weib wär' ich doch gar zu gern.

   Frau. Das wirſt Du, Käthi; thu nur, wie ich
                ſagte.
Im Uebrigen verlaß Dich auf Frau Swieten.

   Käthi. So thu' ich's denn. Gott mag's zum
                Rechten wenden!

    (Frau Swieten ab.)

Vierter Auftritt.

Käthi. Swieten (hinter der Scene).

   Käthi. Wie mir das Herz im Leibe geht! — Piff-
                paff!
Als ſollt' mir's gleich die Bruſt zerreißen. Spür's doch,
Es iſt nicht recht gethan, wie ich jetzt eben
Thun will. Es kann wohl Unheil d'raus entſtehn.
Behüt' mich Gott, der in die Seel' mir ſchaut,
Und weiß, wie's darin ausſieht.

   Swieten (hinter der Scene). Ruprecht! he!
Zum Teufel, Kerl, wo ſteckſt Du denn?

   Käthi.   Er kommt!

Fünfter Auftritt.

Die Vorigen.

Swieten (tritt wild auf; als er Käthi sieht, besänftigt, für sich).

Gott's Blitz! Da ist die Käthi ja, das schmucke,
Das blanke Ding! Sieht sie nicht aus, wie aus
Dem Ei geschält? Wenn man sie anschaut, ist's,
Als wenn man in der Frühlingssonne stände!

(Laut.)

Ei, Käthi, sag', was steh'st denn da —

Käthi (für sich).   Da ist er!

Swieten. Und kuckst den Himmel an, als gält's
                                        die Wolken

In Luft und Nebel von ihm fortzusehn.

Käthi. Ich dacht', —

Swieten.   Was dacht'st? He, was? Nun
                                   sag', was dacht'st?

Dacht'st Du den Herrgott etwa zu erblicken,
Der Dir in's Antlitz starrt und sagt: Fürwahr, Du
                                                  bist

Zum Küssen, Kind.

(Vergißt sich, verliebt.)

Ei, laß Dich küssen!

(Er will sie küssen.)

Käthi.   Geht.

Swieten (für sich). Verdammt, daß ich mich immer
                                 gleich vergesse!

(Laut.)

Ei, schnell, mein Kind! Nun sag', was dacht'st?

Käthi. Ich dacht'.

Swieten. Nun was?

Käthi. Ach geht!

Swieten. Was sagst?

Käthi. Ich sag', ach geht!

Swieten. Das fragt' ich nicht. Ich fragte, was
Du dachtest?

Käthi. Ei nun, ich dacht' — ich dacht', — der
Tag ist heut

Recht schön.

Swieten. Das dachtest Du, und sahst dabei
Zum Himmel auf. Zum Himmel sahst Du auf
Und dacht'st — —

Käthi. Und dacht' der Tag ist heut recht schön.

Swieten. Hast recht, mein Kind: der Tag ist
schön, fürwahr,

Ganz Recht hast Du, mein Kind, schön ist der Tag.
Die Sonne scheint noch obendrein und 's regnet,
Nein, 's regnet wirklich nicht. Ja, ja, der Tag
Ist schön, mein Kind; doch Du bist noch viel schöner —
So schön, daß ich wahrhaftig denken muß —

(Vergißt sich wieder.)

Du bist zum Küssen, Kind, zum Küssen.

Käthi. Geht!

Swieten (für sich). Verflucht!

Käthi. So was schickt sich bei Tage nicht —
Nein, wahrlich nicht vor aller Menschen Augen.

Swieten (stutzig, aber schlau gefaßt).

Am Tage nicht? Hast Recht, mein Kind, ganz Recht.

Wo dacht' ich hin? Am Tage nicht, beileibe!
Am Tage schickt sich so was nicht. Doch Abends,
Wenn's dunkel wird und schon die Nacht —
Was meinst'?

    Käthi. Ei nun!

    Swieten. Ei nun? Was heißt das, Käthi?
                        Sprich!

    Käthi. Ei nun?

    Swieten. Ei nun, versteht sich. Sprich! Ei
                        nun?

    Käthi. Ei nun — wie soll ich sagen gleich,
                        wie's heißt!

Herr Gott! fällt mir's wohl ein? — Ei nun, das
                        heißt —

Ei nun, Ihr wißt schon, 's heißt — ei nun, was fragt
Ihr mich? Es heißt: ei nun, und besser weiß
Ich's nicht.

    Swieten. Gewiß, ei nun, das heißt: ei ja —
Wenn es: ei nein nicht heißt. Nun sprich, mein Kind!
Ei nun, das heißt: ei nein? Nicht? Heißt's nicht so?

    Käthi. Ei nein?

    Swieten.   Ja, sprich, heißt es: ei nein?

    Käthi.   Ei nein.

    Swieten. Nicht? Heißt's nicht so? Ei nun,
                heißt's nicht: ei nein?

    Käthi. Ei nein.

    Swieten.   So heißt ei nun: ei ja.

    Käthi..   Ei ja?

Swieten. Ja, ja. Ei ja! — So heißt's. Nicht?
Heißt's nicht so?

Käthi. Ei, wenn Ihr's wißt, was fragt Ihr mich,
Herr Swieten?

Swieten. Wenn ich es weiß! So weiß ich's
also? Gut.

Wenn ich es weiß, Du hast ganz Recht, da brauch'
Ich nicht zu fragen. Recht hast Du, ganz Recht.
Ei ja, also. Nun gut: ei ja, doch wo?
Doch wo, lieb Käthi, wo? Wo treff' ich Dich?
Du weißt, durch Zufall so, so ganz, nun ja,
So ganz von ungefähr, da treff' ich Dich —
Gut, gut! Doch wo, doch wo, lieb' Käthi, wo?

Käthi. Ei nun —

Swieten.   Ei ja!

Käthi.   Ich denk' —

Swieten.   Du denkst, ganz recht;
Du denkst, doch wo? Schon gut; doch wo denkst Du?

Käthi. Ich denke oben in der Polterkammer.

Swieten. Die Polterkammer? Die? Ei nun,
schon gut!

Da ist's recht still, recht heimlich auch und dunkel,
Und keine Menschenseele kommt hinauf,
Die Ratten und die Mäuse ausgenommen,
Die Katze auch, den alten Kater mein' ich,
Der ihnen nachspürt Nachts, sie abpaßt und
Sie würgt, die armen Dinger.die, die Mäuse.
Sie schreien manchmal, daß mich's jammern kann.
Dich nicht?

Käthi. Was?

Swieten. Was? Die Mäuse mein' ich. Was?

Käthi. Ob die mich jammern? Ei, was soll's?
                                        Sind sie
Doch Ungeziefer alle; ja, und lecken
Die Sahne Nachts uns ab von unsrer Milch.

Swieten. Ja, ja, 's sind Leckermäuler, Mäuse,
                                        die!
Und recht ist's ihnen, trifft der Kater sie.
Was naschen sie so Nachtens in der Stille?
Doch Kind, die Polterkammer, weißt, stockfinster,
Die Hand nicht sieht man, hält man sie vor Augen.
Stockfinster so! — Die Trepp' hinauf ist enge
Und wacklich auch, halsbrecherisch die Stufen.

Käthi. Ist's Euch nicht recht, Herr Swieten, laßt
                                        es sein.

Swieten. Nicht recht? Wer sagte das, mein
                                        Kind? Nicht recht?
Ei ja! versteht sich, recht. Sehr recht, versteht sich!
Doch sprich, um welche Zeit? Um welche Zeit?
Sprich, Käthi, sprich!

Käthi.   Schlag neune bin ich da.

Swieten. Schlag neun auch ich, lieb' Käthi, ganz
                                        gewiß.
Gewiß Schlag neun, da triffst Du mich, Schlag neun,
Lieb' Käthi, ja — —

Sechster Auftritt.

Vorige. Ruprecht.

Ruprecht.   Herr Swieten, eben —

Swieten (in Verlegenheit auffahrend).   Was?
Was giebt's? Was soll's? Was hat's? Er Schubjack,
Er?
Was plumpsackt Er herein und macht 'nen Lärm,
Als sollt' in Stücke gleich die Welt zerbersten!
Soll ich Respekt ihm lehren? Wie? Seit wann
Erlaubt der Knecht sich so hereinzutreten?
Seit wann, frag' ich, so dir nichts mir nichts, he?
Klopft man vorher nicht höflich an? Wie es
Die Sitte heischt und wie's der Anstand fordert?
Und nun, was steht er da und gafft?

Ruprecht.   Herr Swieten —

Swieten. So heiß' ich, ja das weiß ich, Esel
Du!
Was glotzt der Kerl? Heraus! was giebt's

Ruprecht.   Gott's Blitz!
Ihr rieft mich, Herr.

Swieten. Der Teufel that's, nicht ich!
Ich hab' das Maul nicht nach Ihm aufgesperrt.

Ruprecht. Ich hört' Euch rufen bis im Stalle
drüben.

Swieten. Das lügt der Kerl!

Ruprecht.   So wahr ich lebe, nicht.
Ich lief herüber, wie ich ging und stand.

Des Wilhelms braune Kuh hat eben jetzt
Gekalbt.

     Swieten. Der Wilhelm hat — was hat der
                              Wilhelm?

     Ruprecht. Der Wilhelm — was? Der Wil-
                             helm? Nein.

     Swieten.   Was nein?
Was hat der Wilhelm nicht?

     Ruprecht.   Nichts hat der Wilhelm.
Die Kuh —

     Swieten. Was Kuh? Bist Du verrückt? Der
                             Wilhelm!

     Ruprecht. Gekalbt —
     Swieten.   Was? Esel, Du! Gekalbt und
                             Wilhelm?

     Ruprecht. Ach was! Herr Swieten geht! Ihr
                             wollt mich wohl
Zum Narren haben mit den tollen Reden?

     Swieten. Was toll! Was unterfängt der Kerl
                             sich? Was?

     Käthi. Herr Swieten, ei, Ihr habt ihn mißver-
                             standen.
Er sagte —

     Swieten.   Wie? Was mißverstanden? Wie?
     Käthi. Der Ruprecht sagte —
     Swieten.   Nun, was sagt der Schuft?
     Käthi. Des Wilhelms braune Kuh —
     Ruprecht.   Die hat gekalbt.

5

Swieten (zu sich kommend).

Des Wilhelms braune Kuh gekalbt. Ja so!
Des Wilhelms braune Kuh, die hat gekalbt.
Das ist was anders. Ja, versteht sich, ja.
So läßt die Sach' sich hören; so ist's klar.
Du Ochs! Warum hast's nicht gleich gesagt?
Ein andermal, da reiß das Maul auf, Kerl,
Und sprich vernünftig, daß man Dich versteht.
Nun pack' Dich fort.

(Ruprecht geht murrend.)

Siebenter Auftritt.

Käthi. Swieten.

Swieten.   Was man für Aerger hat!
So'n Stockfisch macht den klügsten Mann verdreht,
Daß er nicht weiß, wo ihm der Schädel sitzt.
Zum Platzen ist's! — Doch Käthi, ja, wie war's?
Schlag neun, nicht wahr? Schlag neun da oben in —
Der Polterkammer.

Käthi.   Hm!

Swieten.   Ganz recht. Schlag neun,
So war's, Schlag neune in der Polterkammer.

Wilhelm. Die Hanne, meine braune Kuh, die hat
Gekalbt. Ein weiß und roth geflecktes Junges,
Und, Herr, mein Gott! so stark und kräftig schon,
Als wär' es Jahr und Tag und älter noch.

  Swieten. Du Teufelsjunge, Du! Was schreist
            und lärmst?
Denkst Du, ich habe keine Ohren mehr?

  Wilhelm. Ei ja doch, Vater, aber —
  Swieten.   Ei was aber
Du Schlingel, Du! Ich frag', was schreist und lärmst?
Warum kannst Du's vernünftig mir nicht sagen,
Wie sich's geziemt und wie's auch richtig ist?
Du Lümmel, Du! So alt Du bist, so wenig
Doch hast Du Anstand noch und Sitte weg!
Soll ich am Ohr Dich nehmen und Dich schütteln,
Dich Tölpel, Dich! wie sonst und zu Dir sagen:
Du ungeschliff'ner Flaps! Du Grobian!
Ziemt sich's, den Vater also anzuschrei'n?

  Wilhelm. I Gott behüt' mich, Vater! Sagt,
             was fährt
Euch in den Sinn? Es war ja Freude nur,
Was mich so schreien ließ und lärmen.

  Swieten.   Hol's
Der Henker auch! Was Freude! Lern' Manier,
Damit Du schicklich Dich dem Vater zeigst.

  Wilhelm. I Gott! das thu' ich, Vater. Wißt
            Ihr's doch,
Ich lasse Leib und Seel' für Euch, und hätt'
Ich einen Arm, der bis zum Himmel reichte,

                 5*

Die Wolk' schlüg' ich entzwei, die Euch die Sonn'
Verwehrte.

Swieten.   Reden hat der Jung im Maul,
Die ausschau'n mächtig, wie der Thurm zu Gent.
Schon gut! Laß Dir's gesagt sein.
(Zu Käthi leise.)
                        Nun lieb Käthi,
Heut' Abend also, also um Schlag neune,
Schlag neune also in der Polterkammer?
(Käthi nickt mit dem Kopfe.)
Schon gut, schon gut! Da find'st Du mich, Schlag
neune.
(Zu Wilhelm laut und barsch.)
Und Du pack Dich hinaus und sieh zum Kalbe.
(Geht ab.)

Neunter Auftritt.

Wilhelm. Käthi.

Wilhelm. Zum Kuckuck mit dem Kalb, bin ich
bei Käthi!
(Da Käthi ihm abgewendet bleibt.)
O liebe Käthi, blick mich einmal an.
Bist Du mir böse? Sprich, was that ich Dir?
    Käthi. O laß mich; geh!
    Wilhelm.   Soll ich das immer hören?
Willst Du mir nie ein freundlich Wort vergönnen?
O dürft' ich einmal nur allein mit Dir
Zusammen gehen oder einsam sitzen.

Was gäb' ich d'rum, mit Dir in Ruh' zu reden!
Und wär's ein Augenblick!

      Käthi (für sich).   Es thut mir weh,
Daß ich ihn täuschen soll; doch Mutter Swieten
Die sagte ja, es werd' uns Beiden helfen.
                           (Laut.)
Verkenn' mich nicht, mein Wilhelm, hörst Du, Wilhelm
Verkenn' mich nicht, daß ich es Dir gewähr'.
Du sollst erfahren noch, warum ich's thu',
Warum ich sag': wohlan, es sei!

      Wilhelm.   O Gott!
Du willst, willst wirklich, Käthi, ja, Du willst?

      Käthi. Ich will und spreche: ja!

      Wilhelm.   Doch wo? sag' an,
Doch wo?

      Käthi. Aus Gründen, Wilhelm, die ich später
Dir sagen will, wiss', in der Polterkammer.

      Wilhelm. O, wo Du willst! Doch wann?
      Käthi.   Schlag neune.

      Wilhelm.   Gut.
Schlag neune, Käthi, bin ich da.
      Käthi.   Auch ich.
Doch jetzt muß ich zu Deiner Mutter, Wilhelm.
Die Mutter nämlich — — Doch, was schwatz ich hier?
Fort! Fort!

      Wilhelm. Vergiß nicht!
      Käthi.   Hüt' es Gott: ich komme.
Der Ausgang muß der Dinge Anfang loben.
                   (Käthi ab.)

Zehnter Auftritt.

Wilhelm (allein.)

Wilhelm.   Das wird er, hoff' ich. Herz, was
willst Du nun?

Die Freude kommt, die lange Du ersehnt.
(Ans Fenster tretend.)
Wär's nur erst Nacht und neune gleich dazu!

Elfter Auftritt.

Wilhelm. Swieten.

Swieten. Bist Du noch hier?

Wilhelm.   Ja, Vater.

Swieten.   Und was schaffst?

Wilhelm. Ich schau' dem Abend zu, der durch
die Felder

Geschritten kommt und sie mit Dunkel deckt.

Swieten. Das nenn' ich mir — Gott's Blitz!
—'nen Zeitvertreib!

Scheer Dich und steck die Nase in die Ställe.

Der Abend braucht Dein Zuschau'n nicht. Mach' zu!

Wilhelm. Was willst Du, Vater? Ist der Abend
doch

Die gnadenreiche, schöne Zeit der Stille,

Die wie der Weihnachtsmann im Dunkel kommt,

Und Freude, glitzernd, unterm Mantel trägt.

Swieten (schmunzelnd). Und Freude, glitzernd,
unterm Mantel trägt.
Wahr und wahrhaftig, Junge, so schaut's aus!
(Für sich.)
Wenn Wilhelm wüßt', was mir der Abend bringt!
Wilhelm (für sich). Wenn Vater wüßt', was mir
der Abend bringt!

Zwölfter Auftritt.

Vorige. Die Frau (mit einer Laterne und einem Lichte in der Hand).

Frau (das Licht auf den Tisch stellend).
Bleibt Ihr zu Hause?
Wilhelm.   Mutter, ja.
Swieten.   Ja, Weib!
Frau. So helft dem Ruprecht Erbsen säubern.
Hört Ihr?
Swieten (für sich). Verflucht! Ich will sie säubern
schon, doch in
Der Polterkammer ohne Licht.
Wilhelm (für sich).   Das geht
Heut' nicht. Heut' muß der Vater und der Ruprecht
Allein das schon 'mal thun; hab' Beß'res vor.
Frau. Ich geh' zur Schulzin, Abred' da zu nehmen,
Der Rüben wegen, die wir tauschen wollen.
Swieten. D'ran thust Du recht. Das lob' ich,
gute Frau!
Frau (für sich, die Laterne am Licht ansteckend).
Wart', Spitzbub' Du! Du Galgenstrick! Du Gauner!

Die Frau ist gut, weil sie den Weg Dir räumt.
Doch thut sie's nur, damit Du armer Gimpel
Um desto sichrer in die Falle gehst.
Ein jedes Weib hat etwas Mutterwitz!

    Swieten. He, Alte! sag' was soll Dir die La=
                           terne?

Bist Du bei Sinnen denn? Der helle Mond,
Nicht zehn Minuten mehr, so steht er blank
Gescheuert, wie ein Zinngefäß, am Himmel,
Auf Schritt und Tritt zur Leuchte Dir zu dienen.

    Frau. Auf Feld und Weg, das geb' ich zu; doch
                           nicht

In Kellern und in Polterkammern.

    Swieten.   Polter —?
    Wilhelm. In Polterkammern?
    Frau.   Stellt Euch dumm nur an,
Als wüßtet Ihr es nicht —
    Swieten.   Was wüßten wir?
    Wilhelm. Was soll'n wir wissen?
    Frau.   Was? Ihr Tröpfe, Ihr!
Daß man die Rüben nicht im Schube hat,
Vielmehr im Keller bei Kartoffeln hält.
Ich mag nicht, daß die Schulzin sich erst lang'
Bemühen soll, wenn sie sie zeigen will.
Deswegen nehm' ich die Latern' gleich mit.

    Wilhelm. Ach so!

    Swieten. Ja so! Das mußt Du sagen, denn sonst
Ist die Zusammenstellung der Latern'
Und Polterkammer etwas dunkel.

Frau.   Was sagst?
Die Polterkammer dunkel? Freilich, dunkel,
Versteht sich, daß sie dunkel ist.   Ich nehme
Ja darum eben die Laterne mit,
Damit ich leuchten kann.

    Swieten (ärgerlich).   Halt's Maul, zum Henker!

    Frau. Was faselst Du? Ich wär' sonst lange fort.
Vergeßt die Erbsen nicht! Die Käthi wird
Euch helfen, später, wenn sie wieder kommt.
Jetzt geht —

    Wilhelm.   Die Käthi geht —

    Frau.   Versteht sich, geht
Die Käthi. Wenn sie mit mir geht, so geht sie;
Denn fahr' ich nicht, so kann sie auch nicht fahren.

    Swieten.   Die Möglichkeit!   Die Käthi, Käthi
                          geht!

    Wilhelm. Die Käthi?

    Frau. Geht! Herr Gott! Seid Ihr denn taub?

    Swieten. Ei Wetter! Sage mir, was schleppst
                          Du erst
Die Käthi mit? Was soll denn die da? Sprich!
Muß die die Nas' bei jedem Quarke haben?

    Wilhelm. Was soll denn Käthi da? Ist die nicht
                          besser
Hier in der Wirthschaft und im Hause hier
Am Platz?

    Swieten.   Soll sie da stehn und zuschau'n, he?
Um nichts und wieder nichts?

Wilhelm.   Das Haus versäumen,
Wo's alle Hände voll zu schaffen giebt?

Swieten. Die Käthi bleibt!

Wilhelm.   Die Käthi kann nicht geh'n.

Frau. Ei, ei! Wie Ihr auf einmal so bedacht
Für unsre Wirthschaft seid! Gebt Euch zufrieden.
Gleich schick' ich sie Euch wieder her. Sie soll
Mich nur ein Stück das Dorf hinauf begleiten. —,—
Doch sagt mir nur, wie kommt Ihr zu dem Eifer?
Hat das nicht irgend wie geheimen Grund?

Swieten. Was Grund? Geheimen Grund?
                  Was? Bist Du toll?

Wilhelm. Warum nicht gar — Grund! obenein
                  geheimen!
Behüte Gott! Wohin denn denkst Du Mutter?

Frau. Ei nun, ich denke, Schelme, Ihr! Ihr
                  wollt
Die Erbsen nicht alleine säubern, meint,
Die Käthi müsse auch ihr Theil d'ran haben.
Bequem seid Ihr und nirgend in der Wirthschaft
Zu brauchen doch, als nur zum Löffeln und
Zum Gabeln.

(Abgehend für sich.)

Galgenstricke, die Ihr seid!

(Ab.)

Dreizehnter Auftritt.

Swieten. Wilhelm.

Swieten. Ei, Jung', Dir zu Gefallen lärmt' ich
mit.
Du warst ja Feuer ganz und Flammen, und in
Die Backen, feuerroth, das Blut Dir schoß;
Ich meint', es müßten Dir die Adern bersten.
Wilhelm. Mir zu Gefallen, sagt Ihr, Vater?
Geht!
Ihr spaßt. Ich ward so hitzig nur, Euch bei
Zu steh'n. Ich dacht', Ihr hättet einen Auftrag,
Den Ihr der Käthi geben wolltet.
Swieten. Ich?
Der Käthi einen Auftrag? Junge, bist Du
Gescheut? Was geht mich Käthi an?
Wilhelm. Was mich?
Weiß Gott! da lärmten wir und wissen nicht
Warum.
Swieten (für sich). Er merkte nichts.
Wilhelm (für sich). Er merkte nichts.
Swieten (für sich). Wie aber komm' ich los?
Wilhelm (für sich). Wie komm' ich fort?
Swieten (für sich). Bald ist es Zeit.
Wilhelm (für sich). Es geht auf neune stark.
Der Zeiger rückt und rückt; bald ist er da.
Swieten (für sich). Wär' ich nur 'naus!
Wilhelm (für sich). Wenn ich nur draußen wär'!

Swieten (für sich). Wohin ich ging, warum ich ging,
das will

Ich schon vertreten, wenn man frägt.

Wilhelm (für sich).   Ich würde
Schon später noch Entschuld'gung finden, die
Sich paßt und hören läßt, warum ich ging
Und wo ich nöthig war durchaus. Hilf Gott!

Swieten (für sich). Ich wünscht', das Licht wär
aus.

Wilhelm (für sich).   Verdammtes Licht!
Wenn das nicht wär', längst wär' ich schon hinaus.
Ich wünscht', des Teufels Odem blies' es aus!

Vierzehnter Auftritt.

Vorige. Ruprecht (mit einem Sack Erbsen).

Wilhelm (für sich). O weh!

Swieten (für sich). Der Lümmel, der! Hol' ihn
der Henker!

Da ist er schon mit seinem Sack voll Erbsen.

Ruprecht (am Tisch). Gott's Blitz! Das Licht hat
eine Schnupp' am Halse,

Wenn die noch länger sitzt, erwürgt es d'ran.

(Nimmt die Putzscheere.)

Na, wart'! Dem will ich gleich ein Ende machen!
Nun soll's auch leuchten, wie ein Stern am Himmel.

Swieten (für sich). Geb' Gott, der Kerl putzt's
aus!

Wilhelm (für sich).   Wenn er's doch löschte!

(Sie gehen von beiden Seiten zu Ruprecht heran. Wie dieser das Licht putzt, stößt ihn Swieten hier, Wilhelm dort an den Arm; das Licht geht aus.)

Swieten. Du ungeschickter Kerl!

(Stößt Ruprecht; dieser fliegt gegen Wilhelm.)

Wilhelm. Du Tölpel, Du!

(Stößt ihn gegen den Tisch.)

Ruprecht (mit dem Tisch umschlagend). Verdammt!
Wer stieß mich so? Nun lieg' ich gar am Boden.

Swieten (für sich). Nun fort!

Wilhelm (für sich). Nun schnell hinaus!

(Sie laufen an der Thür zusammen.)

Swieten. He, Ochs!

Wilhelm. He, Esel!

(Sie drängen sich Beide zur Thür hinaus.)

Fünfzehnter Auftritt.

Ruprecht (allein).

Ruprecht (aufstehend, im Finstern tappend).

Verzeiht, Herr Swieten! Ei, der Kuckuk weiß,
Was in die Quer mir kam. Verzeiht, Herr Swieten!
Nehmt es nicht übel, Herr, es war nicht gern
Gescheh'n; wahrhaftig nicht, so wahr ich lebe!
Es fuhr mir was in Arm' und Bein' und packt
Mich an, als wär's der Satan selber. Blitz,
Das war ein Schlag! Ich denk', ich fall' in's Grab
Die Länge lang, wie ich gewachsen bin,
Und todt gleich, denk' ich, bin ich und begraben.
Ein Fall war's — ja — wie in die Ewigkeit.
Nicht ärger fiel ich von dem Pferdestall.
Und wie ich fall' die Augen schlag' ich mir,

Daß mir die Funken d'raus, wie Eier groß,
In alle Winde fliegen, und ich denk'
Ich geh' in Flammen auf ganz lichterloh.
Die Nase auch, ich spür's, bekam was weg;
Wie ich sie anfühl', wächst sie dick und hoch
Mir im Gesicht, wie eine Pomeranze. —
Verzeiht, gleich bring' ich Licht, gleich bin ich da.
(Abhinkend, für sich.)
Mich wundert's nur, daß er nicht lärmt und schreit.
(Ab.)

Verwandlung.

(Die Polterkammer. Altes Geräth steht herum. Rechts und links ein kleines Fenster ohne Fensterscheiben. Es ist finster.)

Sechszehnter Auftritt.

Die Frau und Käthi (treten ein).

Frau. Da sind wir!

Käthi. Ach! mir pocht das Herz. Es geht
Wie eine Mühle, die im Winde klappt.

Frau. Nur still! Niemand hat uns geseh'n.

Käthi.   Ei sagt,
Warum habt Ihr die Thüre vor der Treppe
So fest verriegelt denn? Nun kann ja Keiner
Herauf zu uns.

Frau.   Laß gut sein, Käthi. Wart',
Die kommen schon; es giebt ja Fenster.

Käthi.   Gott!
Daß sie ein Unglück haben!

Frau.   Unglück? Nicht doch!

Warum denn gleich ein Unglück, liebe Käthi?
Nicht lange dauert's, gieb Acht, so sind sie oben,
Gesund und munter, wie die Fisch' im Wasser.
Bei so etwas hat man ein Unglück nicht
So leicht; das weiß ich besser, glaube mir.
Ja, wär's beim Heuaufladen, oder Baum
Umsägen, oder bei der Arbeit sonst,
Da trifft's sich wohl, daß sie wie Tölpel sind.
Beim Stelldichein, da sind sie wie die Katzen;
Den Thurm zu Babel, ständ er, kröchen sie
Hinauf bis an die Spitze ohne Straucheln.
Doch horch! War's nicht's? Mir schien, ich hörte was.
Ganz recht! Ich täusch' mich nicht. Nein, nein! Ein Hecht
Hat angebissen an die Angel; ich hör'
Ihn zappeln schon. Der And're kommt wohl nach.
Nun schnell! Du bleibst im Hintergrund, mein Kind,
Bis Beide da sind, und dann thust Du, wie ich
Gesagt Dir's hab', und bringst sie aneinander.
Ich wart' indeß hier in der Nebenkammer.
(Mit der Laterne ab.)

Käthi. Mein Gott! Mein Gott! Wär' es nur
erst vorbei!
(Geht in den Hintergrund.)

Siebenzehnter Auftritt.

Käthi. Wilhelm (rechts). Swieten (links mit dem Kopfe zum Fenster herein).
(Der ganze Auftritt wird leise gesprochen.)

Swieten (für sich). Da bin ich ja!

Wilhelm (für sich). Da wär' ich ja! Die Thür

War unten zu, verriegelt und verrammelt.

Swieten (für sich). Die Thür ist unten zu, doch liegt kein Schloß

Davor, soviel ich in der Finsterniß
Bemerken konnt'. Gewiß ist Käthi hier,
Und hat zur Vorsicht innen zugemacht.
'S ist eine Klugheit, die ich loben muß,
Doch zwingt sie mich, 'nen Weg zu nehmen, der
Wahrhaftig eben nicht der beste ist,
Und auch um nichts bequemer als die Treppe.

Wilhelm (für sich). Der Kuckuk weiß! Mir war's doch, wie ich ging,

Als schlich mir Jemand vor. Selbst an der Mauer
Schien mir's, als kröch' da wer herum.

Swieten (für sich).   Zum Teufel!
War mir's doch stets, als säß' mir wer am Hacken.
Wo ich mich regte, regte sich was nach.

Wilhelm (für sich). Doch nur herein.

Swieten (für sich).   Ich dächt', ich kröch' hinein.
Was sitz' ich hier und schwatze auf der Mauer?

Wilhelm (für sich, sich mühsam durchdrängend).
Wär's wirklich etwas Menschliches, das vor
Mir schlich, bei Gott, so soll's ihm übel geh'n!

Swieten (ebenso).   Sollt's Jemand sein, der mich verfolgt, und der
Mir nachzuspüren sucht, Gott sei ihm gnädig!
Läuft aus Verseh'n er in die Hände mir.

Wilhelm (für sich). Da regt sich was.

Swieten (für sich).   Da hör' ich was, das rauscht.

Wilhelm (für sich). Gewiß die Käthi.

Swieten (für sich). Käthi ganz gewiß.

Wilhelm. Wis wis!

Swieten. Wis wis!

Wilhelm. Wis wis!

Swieten. Wis wis!

Käthi. Wis wis!
(Aus dem Hintergrunde vortretend, für sich.)

Ich muß hervor; es hilft mir nun nichts mehr.
(Leise zu Swieten.)

Da bin ich, Vater Swieten. Hört Ihr mich?

Doch sind wir nicht allein; es schlich mir Jemand,

Ich weiß nicht wer, auf allen Schritten nach.
(Während Käthi hinüber zu Wilhelm geht, greift Swieten nach ihr in der
Luft herum.)

Swieten (leise). Der Teufel wär's! Wer könnte
denn? Du hast

Dich wohl getäuscht? Gewiß, Du täuschtest Dich.

Wer sollte denn — ?
(Er ist hier an einen Mehlsack gekommen, der auf einem Tische steht und
macht sich über und über weiß, da er ihn anstatt Käthi umarmt.)

Käthi (leise zu Wilhelm). He, Wilhelm, bist Du da?

Wilhelm (leise). Lieb' Käthi, ja, ich bin's. Ich
bin's, lieb' Käthi.

Käthi. Gern blieb ich hier und spräch' und plau-
derte,

Doch sind wir nicht allein; es schlich mir wer

Bei Schritt und Tritt auf allen Wegen nach.

Swieten (der seinen Irrthum gewahr geworden, leise).

Zum Kuckuck, Kind, wo steckst Du denn?

Käthi. Da bin ich!

Wilhelm (greift ebenfalls in der Luft herum).

Wer sollte denn? Wer könnte denn? Täusch'st Du
Dich nicht, lieb' Käthi? Sprich, täusch'st Du Dich nicht?

Swieten. Gott's Schlag! Wer soll's denn sein?
He, wer denn? Sprich!

Käthi. Ich weiß nicht! Peter, Hans, der Ru-
precht, oder
Sonst von den Knechten wer, vielleicht vom Dorf auch
Jemand.

Swieten. Den Hals dreh' ich ihm um, wenn ich
Ihn treff', den Galgenstrick, der solchen Unfug
Bei Nacht und Nebel will im Hause treiben.

(Während dessen ist Wilhelm an ein Gestell mit alten Kleidern gekommen
und hat dieses umarmt, wobei er einige Stücke herabgerissen und sich ganz
staubig gemacht hat.)

Wilhelm. Zum Kuckuck! Käthi, sprich, wo steckst
Du denn?

Käthi. Hier bin ich, Wilhelm; aber gleich, gleich muß
Ich geh'n. Wenn man uns überraschte!

Wilhelm. Teufel!
Wenn ich ihn pack', den Ruhestörer, den!
Den Nachtgeist hier im Hauf', bei Gott! die Sonne,
Sie soll ihn blau und braun gezeichnet finden.

Swieten (für sich). Es war mir gleich nicht richtig,
wie ich kam.
Es folgte wer mir auf den Fersen nach.

Wilhelm (für sich). Gewiß ist's der, den ich vorhin
schon traf,
Der hier herum schlich, wie ein Fuchs, der auf
Der Lauer liegt. Es soll ihm schlecht bekommen!

Swieten. He, Käthi, he!

Wilhelm.   Wis wis!

Käthi (zu Swieten).   Hört Ihr's? Ich geh'

Wilhelm. He, Käthi, he!

Swieten.   Wis wis!

Käthi (zu Wilhelm).   Hörst Du's? Ich geh'.

        (Geht in den Hintergrund.)

Wilhelm. Verflucht! Mir fährt die Gall' in's
                            Blut. Wenn ich
Ihn träf', er sollt' es mir entgelten!

Swieten.   Pest
Und Gift ihm in's Gebein, dem Taugenichts,
Dem Schürzenjäger, Mädchenknecht, der Nachts
Der armen Unschuld schnöde Fallen stellt!

        (Wilhelm räuspert sich.)

Swieten. Da ist der Lump, so wahr ich lebe.
                           Wart'!

        (Räuspert sich ebenfalls.)

Wilhelm. Da ist der Kerl, so wahr ein Gott
                           lebt und
Die Welt regiert! Hätt' einen Donnerkeil
Von seiner Macht ich jetzt nur in den Händen,
Daß ich ihn schleudern könnt', wohin ich wollt',
Der Störenfried sollt' ihn im Schädel haben,
Daß er zu Boden stürzte um und um
Und seine Asch' in alle Winde flöge!

Swieten. Hätt' ich die Hetzpeitsch' aus dem Pfer-
                           destalle
In Händen hier, sie sollt' ihm um die Ohren,

                                      6*

Wie die Posaun' des jüngsten Tages, knallen.
(Wilhelm räuspert sich wieder.)

Swieten. Der Kerl weicht von der Stelle nicht.

Will er

Mir trotzen etwa, dieser Thunichtgut?
(Räuspert sich ebenfalls.)

Wilhelm. Nicht von der Stelle geht der Kerl.

Es ist

Als wollt' er warten, bis die Sonne kommt,
Damit sie heim ihm leuchtet auf dem Wege.
Ei wart'! treff ich den Rücken Dir, ich will
Ihn bläu'n, daß Du sollst denken, Lümmel!
Du trägst den Mond hellleuchtend d'rauf herum.

Swieten. Da ist er! Näher kommt er mir.

Wilhelm.   Er kommt

Mir näher; wart', bald pack' ich ihn, den Schuft!

Swieten (packt Wilhelm und schreit laut).

Da hab' ich ihn!

Wilhelm (packt Swieten und schreit ebenfalls).

Da ist er ja! Halloh!

Nun soll es losgehn an ein Federlesen!

Swieten. Du Vagabund! Ich will Dich lehren!

Warte!

Und wärst mein Sohn, ich schlüg' Dich braun und blau.

Wilhelm. Und wärst mein Vater Du, Du sollst

mir d'ran

Gedenken!

Achtzehnter Auftritt.

Vorige. Die Frau (mit der Laterne dazwischen tretend).

Swieten. Himmeltausend Donnerwetter!

Wilhelm. Wie ist mir? Seh' ich recht? Was?
Ihr seid's, Vater?
Und ich, Eu'r Sohn, ich hob die Hand und wollte —

Frau (nach einer kleinen Pause, in welcher sie sich an der Verlegenheit der Männer weidet).

Nun, Alter, sag', was steh'st und kuck'st und schneid'st
Gesichter? Sperr' den Mund auf, sag' und sprich:
Du, Wilhelm, dummer Junge Du! schon lang'
Hab' ich's gemerkt und heimlich abgesehn,
Daß Du die Käthi liebst und sie Dir wünschst
Als Hausfrau heimzuführen in die Wirthschaft.
Und da ich den Geschmack, den Du hast, loben
Und gut auch nennen muß —
(Zu Swieten.)
Nicht? Meinst Du nicht?
Der Wilhelm hat, nicht wahr, Geschmack? — Recht
guten,
Mein' ich. Nicht? Nicht? Nicht — hat er nicht?
(Sie stößt Swieten an, dieser nickt mit dem Kopfe.)
So soll
Die Käthi bald in's Haus Dir kommen und
Dein Eh'weib sein. — So sprich doch, Alter, nun —

Wilhelm. Ist's wirklich, Vater, ist's Dein Wille so?
Soll sie, die Käthi, die ich lieb' und die
Mich wieder liebt, soll sie mein Ehweib sein?

O, sprich das Wort, o sprich das Ja mir aus!

    Swieten. Ja! Ja doch, ja! Ich sage: ja! Zum
                                       Henker!

    Wilhelm. O, so nicht, Vater, so nicht.

    Frau.   Alter, he!

Besinne Dich! Leg' Deinen Griesgram ab,

Da Du erreicht hast, was Du herzlich wünschtest. —

                             (Zu den Kindern.)

Der Vater merkt' es längst, was mit Euch vorging.

Ihr wißt's, der Vater hat ein scharfes Auge;

Doch Euch zur Strafe für die Heimlichkeiten,

Ersann er sich den Spaß, und stellte sich

Verliebt in unsre Käthi, ging ihr nach,

Und sprach: lieb' Käthi, schöne Käthi, Du,

Du bist ein schmuckes Kind und wär' ich jung,

Gleich freit' ich Dich und ließ die Kläre laufen.

Seht, Kinder, seht! solch ungereimtes Zeug

Und Andres noch in seiner guten Laune,

Hat er der Käthi vorgeschwatzt, der Alte!

Und heut' mußt' ich der Käthi gute Worte

In's Ohr noch flüstern, daß sie beide Euch

Hierher bestellt, dem Spaß ein End' zu machen,

Hier oben, heut'. So abgeredet war's

Vom Vater und von mir ganz in der Stille,

Daß Käthi glauben sollt', ich wisse nichts,

Nichts, gar nichts wiss' ich von des Vaters Streichen.

    Käthi. Ist's möglich, Mutter Swieten? Ist es
                                      wahr?

    Frau. So frag' den Vater selbst; da steht er ja.

Seht ihn nur an, wie ihn die Luft verklärt,
So glücklich Euch gemacht zu haben. Seht!
Wie ihm die Freude aus den Blicken leuchtet.

    Käthi. O Wilhelm! Wilhelm! Ist es Wahrheit
                            denn?
Noch faß' ich's kaum und steh' und schau' und reib'
Die Augen mir, als läg' mir Schlaf darin.

    Wilhelm. Ist mir's doch selber so, daß ich verwirrt
Ganz steh' und denk' Nachtwandler sind wir Alle,
Und trafen uns auf unserm Gang nachtwandelnd
Im Mondenschein und sind noch nicht erwacht.

    Frau. Ei, laßt das Faseln! Faßt Euch bei den
                            Händen
Und tretet hin vor Vater Swieten, sagend:
Gieb uns den Segen, Vater, und 'nen Pacht
Dazu. Und wollt Ihr gute Eh'leut' werden —
           (Swieten's Hand ergreifend.)
So seht auf uns, Ihr Kinder; nehmt ein Beispiel!

    Swieten (für sich).
Solch' Weib ist mehr als Gold und Perlen werth,
Und glücklich, wahrlich, der, dem es bescheert!
    (Laut, Wilhelm's und Käthi's Hände in einander legend.)
So nehmt Euch denn in Gottes Namen hin,
Und liebt Euch und seid glücklich immerdar!
               (Leise zur Frau.)
Doch hier, geliebte, treue Seele, Du!
Hier steht Dein Mann, der alte Narr, und spricht:
Ach! Alter, seh' ich, schützt vor Thorheit nicht!

            (Der Vorhang fällt.)

Die Tante aus Schwaben.

———

Lustspiel in einem Act.

Personen.

Baron von Herzberg.
Karl von Herzberg, sein Neffe.
Charlotte, dessen Frau.
Alfred, } beider Kinder.
Max,
Magdalene Barnbühler, Charlottens Muhme.
Zwei Diener des Barons.
Ein Lohndiener der Magdalene.

———————

Der Schauplatz ist auf einem Gute des Barons. Die Scene stellt einen großen, eleganten Salon vor, mit offener Mittelthür, welche in einen geräumigen Vorsaal führt.

———————

Bemerkung. Wo sich die Darstellerin der Tante nicht auf das Schwäbische versteht, wird es ihr leicht sein, diese in irgend ein anderes Volksidiom, z. B. in das Berlinische oder Schlesische, umzustellen. Natürlich würde darnach der Titel des Lustspiels zu ändern sein.

———————

Erster Auftritt.

Charlotte. Karl.

(Charlotte, am Tische sitzend, mit weiblicher Arbeit beschäftigt, scheint in Gedanken versunken. Karl tritt aus der Mitte ein, stellt sich hinter ihren Stuhl und beobachtet sie.)

Charlotte (seufzt und nimmt die Arbeit wieder auf, die ihr im Schooße ruhte). Ach, was helfen die finsteren Gedanken, sie bessern nichts, und —

Karl. Man kann nichts Klügeres thun, als sie verjagen.

Charlotte. Ach Du? Ich glaubte Dich mit dem Oheim im Park.

Karl. Der jagt mit den Kindern nach Schmetterlingen; ich ließ ihn gewähren, weil ich Dich auf der Grillenjagd ahnte, und da bin ich, um Dich seufzen zu hören und zu sehen, daß Du schon wieder anfängst Dich zu quälen. Was hast Du?

Charlotte. Ich will es Dir gestehen, seit einigen Tagen regt sich die alte Angst wieder in mir; es ist wie eine Ahnung über mich gekommen.

Karl (lachend). Schicke sie fort! Alles steht ja so
herrlich, wie wir es kaum zu hoffen wagen durften.
Mit welchen bangen Erwartungen fing unsere Ehe —
in die ich uns gewissermaßen hineingeschwindelt hatte,
durch Lug und Trug — an, und nun —

Charlotte (erheitert). Ja, es ist wahr: wir haben
alle Wolken schwinden, alle Wetter sich verziehen sehen;
nachdem wir fast jeden Tag gezittert hatten, unsere
Kriegslist verrathen, unser Geheimniß entdeckt zu
sehen —

Karl. Leben wir seit vollen sechs Jahren hier bei
dem Oheim, ohne verrathen, ja ohne nur beargwohnt
zu werden. Die Landwirthschaft macht mir Freude,
alles gelingt mir unter den Händen, unsere Kinder
blühen und gedeihen, nichts fehlt zu unserm Glücke —

Charlotte. Als die Möglichkeit dem Oheim
unser Geheimniß zu gestehen und seine Verzeihung zu
erringen! Der Adel ist ihm nun einmal Alles, er
schwärmt für eine reine, ungemischte Abkunft, für die
Race, wie er das nennt; noch vorgestern schwur er mir,
er würde niemals zugegeben haben, daß Du, seines
Bruders Sohn, eine Bürgerliche geheirathet hättest —
„wenigstens wäre er dann nie mein Erbe geworden,"
sagte er, indem er mit einem gewissen Stolze von dem
Ruhme meiner Vorfahren sprach, die Du mir ange-
dichtet! Karl, wenn er erführe, daß ich eine arme
Handwerkerstochter bin, die eine wackere Schusterin,
meine gute Tante, erzog, in deren Laden Du mich
kennen lerntest: er würde uns nie vergeben.

Karl. Wie sollte er es denn erfahren? Hier im Norden, nachdem er sechs Jahre hindurch keinen Argwohn faßte und die einzige Gefahr, die uns drohte, der Besuch der Tante Magdalene aus Schwaben, nicht mehr zu fürchten ist.

Charlotte. Ach, die gute, herzige Tante Madel, das beste Herz auf der Welt! Wie schmerzt es mich, daß ich sie durch so viele Winkelzüge von uns entfernt halten mußte. Seit drei Jahren scheint sie den Gedanken, uns zu besuchen, aufgegeben zu haben, und so weh es mir thut, ist doch dieser Entschluß das einzige Rettungsmittel für uns, denn einmal in's Haus getreten, hätte sie dem Oheim Alles verrathen! Sie ist und bleibt eine gute, rechtschaffene Handwerkersfrau, die überall — nur leider hier nicht am Platze ist.

Karl. Ich gestehe, daß ich dieses Urbild einer schwäbischen Kleinstädterin herzlich lieb habe, aber zugleich auch, daß ich den Himmel täglich bitte, uns vor ihrer Gegenwart schönstens bewahren zu wollen.

Zweiter Auftritt.

Vorige. Bedienter.

Bedienter. Ein Brief für den gnädigen Herrn.

Karl (rasch). Für mich? Von wem?

Bedienter (giebt ihm den Brief). Der Bote aus der Stadt hat ihn abgegeben. (Ab.)

Karl (besieht die Adresse; erschrocken). Gott bewahre! (Er erbricht hastig und liest.)

Charlotte (unruhig). Mein Gott, Du bist so er=
schrocken — doch kein Unglück?

Karl (verlegen). Wir wollen hoffen, daß es keines
wird! (Nachdem er den Brief erbrochen, herausfahrend). Da ha=
ben wirs — die Tante Mabel kommt.

Charlotte (händeringend). Ach, um des Himmels
willen!

Karl (umarmt sie und hält ihr den Mund zu). Schreie
nur nicht gleich, Herzchen; das ganze Haus braucht es
nicht zu hören.

Charlotte (sehr leise). Da sieht man es nun: man
soll sein Glück nicht berufen! Da haben wir's eben
gethan und gleich hat die ganze Herrlichkeit ein Ende!

Karl (gefaßt). Nun, es wird so arg nicht werden;
auf den Tisch mußte die Pastete doch einmal, also laß
sie uns so vernünftig wie möglich serviren. Da lies
(Er giebt ihr den Brief.)

Charlotte (lesend). „Länger hab' i kei Ruh!
Wenn Ihr desch Briefle kriegt, fahr' i scho auf der
Poscht. Mei Kramlädle ischt verkauft, 's Geld hab' i
im Sack. Alleweil komm i zu Euch. I muß Eure Bube
sehn, es druckt mi's Herz darnach ab. Nachher muß i
doch den Umstand näher besehn, und erfahre, wie es
Euch geht, Ihr arme Kinder; ich weiß, leider Gott,
scho genug. Am zehnte bin i da. Sehet dann zu, wie
Ihr's machet, daß Ihr mi heimkriegt. I glaub es
fascht nett." (Gerührt). Die gute, brave Frau! Wenn
nur die Schrulle des Oheims nicht wäre!

Karl. Nun, wir wollen darüber hin zu kommen suchen, was, wie ich denke, nicht so schwer sein wird. Der Alte hat sich an Dich und die Jungen gewöhnt.

Charlotte. Alfred und Max sind seine ganze Lust. Sie auf den Knieen reiten, sich von ihnen am Bart zupfen, oder wohl gar als Pferd einspannen lassen, das macht ihm eine ganz unsägliche Freude.

Karl. Siehst Du!

Charlotte. Noch gestern, als er mit ihnen in die Stube trat, rief er mir entgegen: Euer Glück bringt in den Herbst meiner Tage einen recht erquicklichen Nachsommer hinein. Ich bin nie so froh und glücklich gewesen, als jetzt mit Euch und den beiden Buben da.

Karl. Das sag' ich ja! Er kann uns nicht verstoßen. Du und die Kinder, Ihr seid seinem Herzen, was die Sonne seinen alten Gliedern ist. Er braucht Euren Umgang zum Behaglichfühlen. Also nur getrost!

Charlotte. Sein Vorurtheil ist leider gar zu fest gewurzelt. Du hast genug daran gerüttelt, ohne es wankend zu machen.

Karl. Kein Baum fällt auf den ersten Schlag! Was nicht ist, kann werden. Laß uns nur den Muth behalten.

Charlotte. Mir ist aber doch recht Angst.

Karl. Um so größer wird Deine Freude sein, wenn die Sache gelingt. Vor allen Dingen jedoch an's Werk. Wir dürfen keine Zeit verlieren. Der zehnte ist ja heut! Der Postbote kommt nur zwei Mal die Woche

7

aus der Stadt heraus: deshalb ist der Brief verzögert worden. Die Tante wird ihm auf dem Fuße folgen.

Charlotte. Ich kenne sie. Sie wird sich keine Minute eher Ruhe gönnen, als bis sie hier ist.

Karl. Eben darum. Die Hauptsache ist, daß wir die Tante unterrichten und zur Verstellung vermögen. Sie muß die Baronin Varnbühler spielen.

Charlotte. Das würde ein guter Aufzug werden! Den Gedanken schlag' Dir nur aus dem Sinn. Dazu bringst Du sie nicht. Auch paßt zu einer solchen Rolle weder ihr Anzug, noch ihre Sprache. Sie ist das kleine Bürgerthum, wie es leibt und lebt. Du kennst sie nicht, wenn Du sie für eine solche Scene verwendbar hältst.

Karl. Geh mir, Charlotte. Sie ist ein Weib.

Charlotte. So? Und da meinst Du — —

Karl. Still! Ich höre den Onkel kommen. Wir müssen ihn vorbereiten.

Charlotte. Mein Gott! Aber wodurch und wie?

Karl. Laß mich nur machen, mein Schatz. Ich habe oft gesehen, daß Dinge werden, nach dem Sinne, in dem man sie nimmt. Ein Unternehmen, trüb begonnen, gewinnt nur gar zu leicht ein tragisches Ansehn. Aber ein Vorhaben, das man mit Lachen ergreift, wird in den meisten Fällen nur einen heiteren Ausgang haben.

Dritter Auftritt.

Charlotte. Karl. Der Oheim (mit Militair-Mütze und - Hose und einem leichten Sommerrock mit strotzend angefüllten Taschen). **Max. Alfred.**

Oheim (mit den beiden Kindern, von denen das größere ihm zunächst gestellt sein muß, kommt, alle drei Schmetterlingsnetze an langen Stöcken in den Händen haltend, in Reih' und Glied hereinmarschirt. Wenn sie in der Mitte bei Karl und Charlotte angelangt sind, kommandirt er):

Halt! Rechts um! Richt Euch! (Der Oheim thut, als sähe er eine Front entlang). Flügelmann! Himmeltausend-sappermenter, wird Er wohl den Brustkasten vorbringen! (Alfred thut's). So! Achtung, präsentirt das Gewehr!

(Nachdem dies geschehen und der Oheim Karl und Charlotte militairisch gegrüßt hat.)

Oheim. Achtung! Gewehr auf Schulter! Gewehr ab! Rührt Euch!

(Die Kinder werfen die Stöcke hin und laufen zu den Eltern. Schreiend:)

Alfred und Max (zugleich). Vater! Liebe Mutter!

Oheim (der auch sein Schmetterlingsnetz hingelegt hat, sich die Hände reibend): Das sind vortreffliche Soldaten! Kerle, wie aus Friedrich des Großen Armee. Sie haben Euch draußen im Gemüsegarten den Kirschbaum mit einer Bravour bestürmt, daß die grüne Festung auch keinen einzigen Mann von ihrer rothen Besatzung behalten hat. Das Bollwerk der Blätter ist geschleift, der Sieg war vollständig unser.

Charlotte. Es muß heiß hergegangen sein. Max ist über und über mit Kirschenblut bedeckt.

7*

Oheim. Ja, wir haben harten Kampf gehabt. Nun wollen wir es uns aber auch gleich bequem machen. (Er geht auf einen Stuhl zu. Als er sich setzen will, springt Alfred herzu und hält ihn am Rockschoß davon zurück.)

Oheim. Heda! Schwede! Ist das Subordination?

Alfred. Aber Großonkel, Du drückst ja die Kirschen entzwei, wenn Du Dich setzest!

Oheim. Holla! Mein Corporal hat Recht. Ich habe ganz vergessen, daß ich in meinen Taschen die Kriegsgefangenen transportire. Heraus damit. (Er leert die Taschen.)

Karl (zu den Kindern). Nun geht aber und laßt Euch waschen.

Max. Wir sind gar nicht schmutzig, Papa!

Oheim. Ordre parirt! Unter die Waffen. (Die Kinder nehmen die Stöcke). Richt Euch! Gewehr auf! Gewehr auf Schulter! Links um! Marsch!
(Die Kinder marschiren ab.)

Oheim. Prächtige Jungen! Ganze Soldaten. Gehorchen ohne Muck!

Alfred (kommt zurückgelaufen). Großonkel, dürfen wir nachher wiederkommen?

Oheim. Ist Er des Teufels, Corporal? (Droht Alfred). Wird Er gleich auf seinen Posten gehn? Er kommt wenn's Ihm befohlen wird. Sonst nicht. Marsch!
(Er jagt Alfred fort.)

Vierter Auftritt.

Charlotte. Karl. Der Oheim.

Oheim. Führe ich nicht ein gutes Kommando?

Charlotte. Das weiß Gott! Die Jungen machen mit Ihnen, was sie wollen.

Oheim. Möchte ihnen schmecken! Nichts da! Streng muß man sein.

Charlotte. Wenn Sie's nur wären!

Oheim (heftig). Donner und Doria, ich bin's! (Sanft). Es merkt es nur Niemand Ihr solltet mal sehn, wie ich den Jungen draußen in die Parade fahre. Ich lasse ihnen keinen Willen. Sie müssen Alles machen, wie ich's befehle. Ich respektire keinen ihrer Wünsche. Denkt Euch, erst heute als wir draußen auf der Wiese waren, hatte ich Gelegenheit die glänzendsten Beweise davon an den Tag zu legen. Die beiden Rangen schlugen Purzelbäume, daß es eine Freude war. Endlich verlangte Max, ich sollte auch einen machen. Nun hättet Ihr sehen sollen, wie ich ihn angeschnauzt habe.

Karl. Das war recht.

Oheim (kleinlaut). Ja, er kam aber wieder.

Charlotte. Sie blieben natürlich fest.

Oheim (triumphirend). Ich blieb fest. Versteht sich. (Wieder sehr kleinlaut). Aber er kam zum Drittenmale.

Karl. Nun!

Oheim (gemüthlich verlegen). Nun, da habe ich denn

enblich einen Purzelbaum geschlagen! Was sollte ich
machen?

(Karl und Charlotte lachen.)

Oheim. Aber wahrhaftig erst, als er das dritte
Mal bat, gab ich nach. Zwei Mal habe ich ihn tüchtig
anlaufen lassen. O, Ihr vermögt Euch gar nicht zu
denken, wie ich mich in Respekt zu setzen weiß! Ich
bin recht zum Gouverneur junger Prinzen geboren.
Das müßten Musterbilder von regierenden Fürsten
werden.

Charlotte. Wir können's uns vorstellen, Oheim.
Indeß ist's doch gut, daß Max und Alfred keine Könige
werden.

Oheim. Nun, nun! Zu Generälen und ersten
Ministern dürften sie sich schon aufschwingen. Ich lege
den besten Grund. Eine tüchtige Ausbildung wird
das ihrige thun. Dies und ihre Namen sichern ihnen
eine große Zukunft. Die Herzberg's sind vielfach auf
das Rühmlichste in der Geschichte genannt. Und was
die Varnbühler anbetrifft, so war dies auch ein herr-
liches Geschlecht. Nicht wahr, liebe Nichte?

Charlotte (verlegen). Ich sollte meinen.

Oheim. Meinen? Da meint sich was! Das
weiß man ja! Nur, woher dieser Adel eigentlich stammt,
das habe ich noch nicht so recht ermitteln können. Mir
kommt der Name etwas spanisch vor.

Karl. Nicht doch, Onkel. Ich glaube, er schreibt
sich aus den Niederlanden her.

Onkel. Nun, da könnte er leicht unter Alba hingekommen sein. · Die Stammbäume und Chroniken müßten das ja leicht ersehen lassen.

K a r l. Ohne Zweifel, lieber Oheim. Aber das würde Umstände verursachen. Ich denke jedoch, daß uns Gelegenheit wird, die Sache auf bequemerem Wege zu erreichen. Die Tante Charlottens, die alte Baronin Varnbühler aus Schwaben, trifft noch heute hier ein.

O h e i m. Nicht möglich! Sieh, sieh! das freut mich! (Er reibt sich die Hände). Werden wir also endlich das Vergnügen haben, die Frau Baronin einmal zu sehen! Ah, da werden wir uns zusammennehmen müssen. Einige große Feste, der hohe Adel der Nachbarschaft, werden nicht fehlen dürfen. Laßt uns nur sogleich Vor= kehrungen treffen.

C h a r l o t t e (leise zu Karl). Ich bin des Todes!

K a r l (leise zu Charlotte). Nur Muth! — — (laut). Damit werden wir uns nicht zu übereilen haben, lieber Onkel. Die alte Baronin ist eine sehr eigene Frau. Sie sucht etwas darin, recht bürgerlich zu erscheinen. Die Vornehmheit ist ihr ganz verhaßt.

O h e i m. So, so! Und warum denn eigentlich?

K a r l. Das wissen wir selbst nicht. In Schwaben hat sich der Adel überhaupt mehr mit dem Volke ver= mischt, als anderswo. Man trifft dort wenig reine Aristokratie. Nicht wahr, liebe Charlotte?

C h a r l o t t e. Ja wohl. Bei uns daheim hat man es oft erlebt, daß sich ein vornehmer Abkömmling mit der Tochter eines Handwerkers verheirathete.

Oheim. Ein Abliger und eine Handwerkerstochter! Wetter und Hagel! Das sollte mir in meiner
Familie passiren, da wollte ich strenges Gericht halten!
Auf die Festung ließe ich den Burschen setzen, der mir
einen solchen Streich machte.

Charlotte (leise zu Karl). O, mein Gott! Hörst
Du es?

Karl (ebenso zu Charlotte). Es wird Mühe kosten.

Oheim (für sich). Wie sie die Köpfe zusammenstecken
und flüstern. (Laut). Nun sagt nur selbst: was sollte
wohl aus einer solchen Vereinigung werden? Kann
die Segen bringen? Würdet Ihr so glücklich sein,
wenn Ihr nicht von gleichem Stande wäret?

Charlotte (verlegen). Man kann denn doch nicht
wissen —

Oheim (barsch). Wohl kann man das wissen.
Man hat es hundert Mal erlebt. Tausend Wetter!
Macht mich nicht ärgerlich, Kinder. Ihr kennt meine
Ansichten. Nur die Gleichheit schafft Einigkeit.
Verschiedenheit giebt nirgends eine Harmonie. Der
Adel hat seine eigene Art zu sein, zu existiren. Das
Bürgerthum auch. Allen Respekt vor der Tugend und
dem guten Herzen des Handwerkerstandes. Es ehrt so
etwas Niemand mehr, als ich, der ich diesen Eigen-
schaften das Leben verdanke. Es war damals im
Kriege gegen Napoleon, als ich im Gefecht verwundet,
mich in das Haus eines Arbeiters flüchtete, wo man
mich den Verfolgern mit Lebensgefahr verbarg und so
lange hegte und pflegte, bis man mich ohne Bedenken

dem Arzte übergeben konnte. Ich werde das den armen Leuten nie vergessen, vor Allen der Tochter nicht, die Tag und Nacht während des Wundfiebers an meinem Lager wachte. Wie oft sang sie mich mit ihren allerliebsten Liedern zur Ruhe, wenn ich die Geduld verlieren wollte. Ihre Aufopferung hat mich oft bis zu Thränen gerührt.

Charlotte. Wie heißt sie denn, das gute Kind?

Oheim. Leider weiß ich das nicht. Es fiel mir niemals ein, sie nach ihrem Namen zu fragen.

Karl. So haben Sie auch nie wieder etwas von ihr gehört?

Oheim. Nie. Wie sollte ich auch? Ein Ring, den ich ihr beim Abschiede gab, würde das einzige Zeichen sein, an dem ich sie erkennen könnte. Ihrer Gesichtszüge erinnere ich mich wohl. Aber die mögen sich sehr verändert haben.

Charlotte. War sie hübsch?

Oheim. Mir erschien sie wie ein Engel.

Charlotte. Und hätten Sie diesen Engel nicht heirathen können, wenn es sich hätte machen lassen?

Oheim. Heirathen? Nie. Sie war ja nicht von Adel. Mein Herz kann nichts für meine Grundsätze. Die bleiben unerschütterlich, trotz aller modernen Weltverbesserungspläne!

Charlotte (leise zu Karl). Da ist wenig Hoffnung.

Karl (ebenso zu Charlotte). Nur Geduld! (Laut). Der schwäbischen Tante, um auf diese wieder zurückzukommen, lieber Onkel, werden Sie diese Maximen schon ein wenig, um den Hausfrieden zu bewahren, verbergen müssen. Sie hat einen Neffen, der in der That eine Handwerkerstochter zur Frau genommen.

Oheim. Nicht möglich! Nun, da kann ich mir denken, daß das eine wunde Stelle in ihrem Herzen ist. Gewiß hat sie diesen Entarteten verstoßen und nie wieder bei sich gesehen.

Karl. Im Gegentheil. Sie hat lange in seinem Hause gewohnt. Anfangs ohne die Abstammung ihrer Nichte zu kennen, nachher aber durch das Glück, das sie vor Augen hatte, gerührt, mit großer Liebe auch nach der Entdeckung des kleinen Betruges, den man ihr vorgespielt hatte, um sie zur Einwilligung in diese Ehe zu bringen.

Oheim. Was? Betrogen hat man sie? Betrogen? Ihr vorgespiegelt, die Nichte sei eine Adlige? Und das ließ sie sich gefallen? Himmel tausend Donnerwetter, das sollte mir passiren! (Zu Karl). Junge, hättest Du mir das gethan, ich weiß nicht, was ich mit Dir anfinge. Ich zöge auf ewig meine Hand von Dir ab. Ich könnte Dich verhungern sehen, ich reichte Dir keine Brodkrume von meinem Tisch.

Charlotte (ihm zu Füßen fallend). Nein, nein, das ist unmöglich, so grausam können Sie nicht sein!

Karl (sie aufhebend, leise). Charlotte! Was thust Du?

Oheim. Was ficht denn die Lotte an?

Karl. Ich weiß nicht! Ihr ist nicht ganz wohl! (Leise zu Charlotte). Du verdirbst uns Alles! Um Gottes willen, nimm Dich zusammen!

Oheim. Lotte, was hast Du denn?

Charlotte. Ich weiß nicht. Ein plötzlicher Schwindel —

Karl. Setz Dich nur. *(Er führt sie zum Stuhl.)*

Charlotte (leise zu Karl). Seine Hartnäckigkeit bricht mir das Herz, Karl.

Oheim. Ist Dein Anfall vorüber, liebes Lottchen?

Charlotte. Es geht schon wieder.

Oheim. Laß uns lieber in die Stadt nach dem Arzte schicken, wenn Du Dich nicht ganz wohl fühlst. Es wäre ja schlimm, wenn Deine Tante, die Baronin Varnbühler, Dich leidend fände.

Karl. Es wird keine Bedeutung haben. Die unerwartete Nachricht des Besuches hat sie so aufgeregt. So etwas geht vorüber.

(Man hat während dessen einen Postillon blasen hören.)

Fünfter Auftritt.

Die Vorigen. Alfred. Max.

Alfred und Max (hereinstürzend, zu gleicher Zeit, schreiend):

Ein Postillon! Ein Postillon! Großonkel, er bläst!

Oheim. Da ist die Baronin!

Charlotte (auffahrend). Mein Gott, die Tante! *(Sie stürzt sich Karl in die Arme, leise.)* Karl, nun ist Alles verloren!

Karl (leise). Ich fürchte es auch. Wenn man den Onkel nur fortbringen könnte, um die Frau Muhme zu inftruiren. Plaßt fie ohne Weiteres herein, fo liegt die Kataftrophe auf der Hand.

Alfred (mit dem Oheim und Max am Fenfter). Zwei Schimmel ziehen den Wagen.

Max (in die Hände klatfchend). Da fährt fchon der Wagen auf den Hof! (Man hört mit der Peitfche knallen.)

Charlotte (leife). Himmel, da ift fie! Karl ich vergehe.

Karl (leife.) Nur gefaßt, nur ruhig. Ich will ihr entgegen. (Er geht auf den Zehen fort.)

Oheim (fich umkehrend). Wohin?

Karl. Die Frau Baronin empfangen.

Oheim. Was? Herr Neffe, will Er die Regeln des althergebrachten Ceremoniells verbeffern? Die Frau Baronin zu bewillkommnen, ift meine Sache. Dies Haus ift mein. Nicht von der Stelle. An der Thür des Verfammlungsfaales empfängt der Wirth den ftandesgemäßen Gaft. Einem Fürften müßte ich bis an die Schwelle meines Haufes entgegengehen. Ich kenne die Formen des Anftands.

Charlotte. Aber, lieber Onkel, bei meiner nächften Verwandten, bei meiner zweiten Mutter werden wir uns doch nicht den Zwang der Etikette auferlegen? Ich bitte, laffen Sie uns der Bafe Madel — Baronin, wollte ich fagen — an's Herz fliegen. Sie wiffen nicht, wie wenig fie auf ftrengen Takt, und wie viel fie auf Herzlichkeit giebt.

Karl. Ja, guter Onkel, Sie kennen die Eigenheiten der einfachen Bürger — — freundlichen Baronin nicht. Laffen Sie uns — (Karl und Charlotte wollen fort.)

Oheim. Nichts da! Hiergeblieben! Ich kenne meine Schuldigkeit.

Charlotte (leise, verzweiflungsvoll). Alles umsonst!

Karl (rasch). Nun denn, lieber Oheim, so erlauben Sie mir wenigstens, Sie auf das Wesen der Baronin vorzubereiten. Es hat eine ganz eigene Bewandtniß damit. Diese Frau, von höchstem Adel, hat die fixe Idee, eine Schuhmacherfrau zu sein. Gewöhnlich geht sie als solche gekleidet und spricht auch so.

Oheim. Was Du mir sagst! Es ist also nicht ganz richtig in ihrem Kopfe?

Karl (wie oben). Wie Sie's nehmen mögen. Sie gefällt sich in dieser Idee. Sie erscheint ihr romantisch. Mit einer wahren Leidenschaft spricht sie von Leder, Sohlen und Leisten. Wenn sie von Pech hört, wird sie bis zu Thränen gerührt.

Oheim. Die Frau ist ja rein verrückt!

Charlotte (leise zu Karl). Was machst Du?

Karl (ebenso zu Charlotte). Laß mich nur.

Oheim. Und meinst Du, daß sie gerade heute wieder in einem solchen Paroxismus sein wird?

Karl (wie oben). Ohne Zweifel. Also stoßen Sie sich nicht an die derbe Sprache, den bürgerlichen Anzug, die eckigen Manieren.

Oheim. Wir wollen sehen. Ich höre sie schon kommen. (Zu den Kindern). Grenadiere! Macht Front unter dem Fenster und rührt Euch nicht ohne Befehl! Achtung! (Die Kinder stellen sich an dem Fenster auf.)

Charlotte (leise). Das wird entſetzlich werden!

Karl (leiſe). Ich fürchte es auch!

(Oheim iſt an die Thür getreten.)

Sechſter Auftritt.

Die Vorigen. Baſe Madel.

(Die Letztere tritt ſehr überladen und komiſch elegant gekleidet auf. Ein gallonirter Bedienter trägt ihr Shawl und Sonnenſchirm. Bei ihrem Erſcheinen verneigt ſich der Oheim tief. Charlotte und Karl ſtürzen auf ſie zu.)

Magdalene (ſie abwehrend, ſpricht ſehr gemeſſen, ſtolz, immer aber den Zwang, den ſie ſich anthun muß, verrathend). Schon gut, meine Kinder, ſchon gut. Ihr wißt, mir geht der Anſtand, die Form, der feine Takt über Alles. Herz kann jeder Bürgerliche haben, aber ſchöne Lebensart, ſchöne Lebensart iſt das Regal des Adels. Nobel, das iſt die Hauptſache.

Charlotte (leiſe). Wie iſt mir denn?

Karl (ebenſo). Ich glaube, die Welt hat ſich umgekehrt!

Madel (zum Oheim). Ich habe gewiß die Honneurs, den Herrn Baron von Herzberg vor mir zu ſehen? (Sie macht ſehr tiefe und förmliche Kniye, die der Oheim mit langen Complimenten erwiedert.) Sehr enchanterirt, Ihre Conneſſe zu machen, cherſter Baron. Ihr Stammbaum iſt mir bekannt. Sie entſprangen einer famoſen Familie! Ich liebe die illuſtrirten Geſchlechter!

Oheim. Sehr verbunden, gnädigſte Baronin. Ich bin erfreut, Sie ganz meine Anſichten theilen zu

fehen. Der Adel über Alles! So sehr auch die moderne
Zeit dagegen eifert.

Mabel. Ja wohl! Ja wohl! Vivat der Adel!
— — Aber nun, cherster Baron, erlauben Sie, daß ich
zu den Kindern spreche. Allons! Chere Lotte! Theuerste Neveuse! Theuerster Neveu! Embrassamiren Sie
Ihre Tante Mabeln — — Ihre Tante Magualena,
wollte ich sagen.

Charlotte (in ihren Armen, leise). Aber, liebe Base —

Mabel (leise). Halt's Maul, es wird scho gehe. Habet kei Angscht! —

Karl (leise). Base, was ist das?

Mabel. Schwätzet nett. Lasset's nur gehe. Der
Schnack hat sei guette Grund. (Laut.) Wo sind die jungen Herrn Barönle?

Oheim. Richt Euch! Vorwärts marsch!
(Alfred und Max marschiren auf die Tante Mabel zu.)

Mabel. Was ist denn das?

Max. Wir sind Max und Alfred!

Mabel (sich vergessend, Fächer und Handschuhe wegwerfend, in die
Hände klatschend, dann die Kinder in großer Freude herzend und auf die
Arme nehmend). Hoß dauset Haidekraut nein au! Gucket,
wasch desch für herzige Büble sind! Meiner Six! Kerle
wie Christkindle! No, Ihr Schatzkäschtle, was schwätzet
Ihr kei Wörtle? Ischt Euch's Mäule zugewachse, Ihr
kleine Krotte?

Alfred. Großtante, wir verstehen Dich nicht:
Du mußt nicht französisch mit uns reden. Das können

wir noch nicht. Großonkel will uns erst einen Lehrer kommen lassen.

Mabel (die Kinder loslassend, sich besinnend und zusammennehmend, für sich). Was thu i denn? Da hab' i mi schön verschnappet! — (Laut zum Diener.) Luis! Heb' Er mir den Fächer auf! Ihr aber, kleine Barone, merkt Euch, was ich mit Euch sprach, war nicht Französisch, sondern Schwäbisch, was auch eine sehr schöne Sprache ist, wenn man sie kann und versteht. Cherster Baron excüset! Das Schwäbische pflege ich immer zu reden, wenn ich herablassend bin.

Oheim. Richt Euch! Kehrt! Marsch! (Die Kinder marschiren zurück.) Nun geht und sagt, daß man das Frühstück aufträgt. Die Großtante wird gewiß Hunger haben.

Max. Ich auch! Ich auch!

Alfred. Wir wollen's besorgen. (Beide ab.)

Siebenter Auftritt.

Die Vorigen. Ohne Alfred und Max.

Mabel. Dank, adorablester Baron! Mit dem Hunger hats seine Richtigkeit. Der Eilwagen hat mir den Magen so zusammen g'schüttelt (erschrickt und hustet) wollt' ich sagen: gerüttelt — daß er gar keinen Boden mehr hat, sur mon bonteur! Louis! Geh Er und such' Er nach meiner Bagage, bring Er Alles auf die Chambre garni, aber ordentlich, sonst nehme Er sich in Acht, Herr Walet!

Achter Auftritt.

Die Vorigen. Ohne Diener.

Oheim. Ich begreife unsere jungen Eheleute nicht. Sie haben mir von Ihnen eine Vorstellung zu erwecken gesucht, die gar nicht auf Sie, meine Gnädigste, paßt.

Karl. Lieber Oheim!

Mabel. Wie so?

Oheim. Man sprach mir von einer fixen Idee, von einer Leidenschaft für einen gewissen Handwerkerstand — —

Charlotte. Onkel!

Mabel. Ich verstehe den Herrn Baron nicht.

Oheim. Sie sollen für den Stand der Schuhmacher schwärmen.

Mabel. Schuhmacher! Pah! Mit einem solchen Geschöpf haben nur meine Füße Bekanntschaft.

Karl. Ah! Da kommt das Dejeuner

Neunter Auftritt.

Die Vorigen. Diener (bringen einen gut besetzten Tisch).

Charlotte. Da die Frau Tante Hunger hat, so lassen Sie uns gleich zu Tische gehn.

(Nachdem die Diener Stühle gesetzt, entfernen sie sich.)

Zehnter Auftritt.

Die Vorigen. Ohne Diener.

Oheim. Wohlan! Zu Tisch! Frau Baronin,
Ihren Arm.

(Der Oheim bietet ihr diesen mit großer Förmlichkeit; sie nimmt ihn mit
vielen Knixen an. Karl und Charlotte folgen.)

Charlotte (während dessen leise zu Karl). Was soll das
werden?

Karl (ebenso zu Charlotte). Das mag der Teufel wissen.
Ich begreife die ganze Komödie nicht.

(Alle am Tisch.)

Oheim. Erlauben Sie, gnädigste Baronin, daß
ich Ihnen vorlege. (Er thut es.) Befehlen Sie Wein?

Madel. Ich bitte. (Für sich.) Wenn i nur wißt,
wie i's anstell, daß i mi beim Esse ordentli aufführ'.
— I hab Hunger wie oan Wolf! (Sie ißt.)

Charlotte. Wie ist Ihre Reise gewesen, liebe
Tante?

Madel. Sehr ennuyeuse. Fatikant. Nur zu
Anfang nicht. (Sich vergessend.) Rath, mit wem i von Stu-
kerf abgefahre bin. Denk', mit dem Maaßen sein
Görgle. Deß isch a Bursch 'worde, Du thätst ihn nim-
mer kenne!

(Charlotte zieht sie am Kleid.)

Madel (verlegen). Neveuse, Sie erinnern sich wohl
nicht mehr des kleinen Görgle? Es ist der Sohn meines ehemaligen Kammerdieners.

Charlotte. Nein, liebes Tantchen, nein, ich erinnere mich nicht mehr.

Mabel (ſtark eſſend). Es ſchmeckt mir vortrefflich.

Oheim. Aber Sie trinken nicht, gnädige Frau. Sie ſind den Wein wohl nicht gewohnt?

Mabel. Was ſchwätzen's denn da? Solle mir in Schwaben den Wein net g'wöhnt ſein! Deſch will i meine. Man trinket's wie Waſſer! (Da Charlotte ſie am Kleide zupft.) Die gewöhnlichen Leute verſteht ſich. Der hohe Adel freilich nippt ihn nur.

Oheim. Auf Ihr Wohlergehen, Frau Baronin.

Karl und Charlotte. Es lebe unſere gute Tante.

(Alle ſtoßen an.)

Mabel (ihr Glas mit einem Zuge austrinkend). Ich danke gehorſamſcht.

(Charlotte zieht ſie wieder am Kleide.)

Mabel (verlegen das leere Glas betrachtend). Ich bitte um Verzeihung, das hab' ich nicht gerne gethan — es iſt mir nur ſo hinuntergeloffe!

Oheim. Hat nichts zu ſagen, Frau Baronin. Es wird Ihnen ganz gut bekommen. Wenn ich Ihnen rathen darf, ſo nehmen Sie noch eines.

Mabel. Meinen Sie, cherſter Baron. Nun denn: ja. Ich muß doch auch Ihre und meiner Kinder Geſundheit trinken. Vivat hoch, alle drei!

(Sie ſtößt ſehr lebhaft an.)

Karl. Vergeſſen Sie aber das Eſſen nicht darüber, liebe Tante.

8*

Madel. Sorget nur nett: es schmeckt mi kurios guet! (Sie schluckt einen sehr großen Bissen.)

(Charlotte zupft sie wieder am Kleid.)

Madel. Ah, ich esse zu viel. Ich fürcht' schon, ich werde Migraine bekommen. Ich darf nur ganz wenig essen. Nur einen Verdacht von Fleisch, so drückt es mich im Magen. Was ist denn das drüben? Kalbs- schlegel? Mit Erlaubniß. (Sie langt sich die Schüssel, auf der Kalb- fleisch, oder sonst eine Fleischspeise liegt, herüber, und schneidet sich ein tüchtig Stück ab.)

Karl. Sie sagten aber eben, liebe Tante, Sie konn- ten kein Fleisch vertragen.

Madel (verlegen, sich zusammennehmend). Ah, i bitt g'hor- samschst um Verzeihung — ich hab' das für Kuche ang'sehn! —

Oheim. Sind Sie in Stuttgart am Hofe gewesen?

Madel. Na, das will i meine. Wer hätt' denn für's liebe Federvieh sorge solle?

(Oheim lacht laut auf.)

Charlotte (leise zu Karl). Das wird immer besser.

Karl (ebenso zu Charlotten). Ich kann mich nicht finden.

Madel (für sich). Es wird mi so g'wiß — Ich weiß nett — — Ja, was hab' i denn so Luschtigs g'sagt?

Karl. Ist Ihnen nicht ganz wohl, liebe Tante? Wollen Sie vielleicht auf Ihr Zimmer?

Madel. Ah, was? I bin nett so zimperlich — —

(Charlotte sie zupfend.)

Madel. Na, was hascht denn? Soll i nett rede?

(Charlotte macht ihr Zeichen auf den Oheim, der zu essen scheint.)

Mabel (für sich). Ja so! Das hätt i fascht vergesse. (Laut.) Waren Sie einmal in Stuttgart, bestes Barönle?

Oheim. Ja, während des Krieges. Es ist ein schönes, gesegnetes Land. Es muß sich sehr glücklich darin leben lassen.

Mabel. Das will i meine, und luschstig sind die Mensche bei uns — nett so ernsthaft wie da im Orte — die freuet sich ihres Lebens (Mit einem grimmigen Seitenblick auf ihn) und lasset andere auch lebe.

Oheim (lebendig). O ich kenne Ihr liebes Schwaben, ich war gerne da! Wie herzensgut sind die Leute dort, und wie hübsch die Mädchen. (Er schenkt ihr ein.) Stoßen Sie an: die Schwaben=Mädele sollen leben!

Mabel (wie elektrisirt, leert ihr Glas). Sie sollen lebe!

Oheim. Und ihre hübschen Lieder dazu. (Fidel.) Sie könnten mir wohl eins singen, das macht mich gleich wieder jung!

Mabel (lächernd). Ja, wie ich jung war, da hab ich prächtig könne — aber jetzt —

Oheim. O, Sie könnens gewiß noch! Da war eines vom Brunnen, das war mir sehr lieb!

Mabel. Poß Kreuz, ich weiß schon! (Singt.)

> Jetzt gan i ans Brünnele,
> Trink aber nett,
> Da such i mein herzdausigschte Schatz,
> Find ihn aber nett.

(Nach der ersten Zeile fängt der Oheim an zu secundiren; sie sieht ihn groß an, singt aber den ersten Vers bis zu Ende, nachher:)

Ja — Sie kenne das Liedle auch? Woher denn?

Oheim (seine Rührung unterdrückend). Aus meiner Jugend — singen Sie fort, ich bitte Sie.

Madel (singt, Oheim secundirt).

Da laß i mein Aeugele
Um und um gehn,
Da find i mein herzdausigschte Schatz
Bei 'nem andern stehn.
Jetzt kauf i mi Feder
Und Dint' und Poschtpapier,
Da schreib' i mein herzdausigschte Schatz
Den Abschiedsbrief.

Oheim (küßt ihr die Hand). Innigsten Dank, Frau Baronin. O Schwaben ist ein schönes Land!

Madel (stolz). J glaub's! 'S ischt das schönst im Reich.

Oheim. Wahrhaftig, das ist's. Da steht Alles im Flor. Der Feldbau, die Kunst, die Poesie, die Wissenschaft.

Madel. Ah, propos Wissenschaft! Lottle, weißt, der Aloys, der G'sell bei Deim Vatter g'wese, ischt Meischter worde, 's Bäldes Marianele hat er g'heirathet: ei Staatsweibsbildle!

Oheim (thut sehr ernst). Was hör ich da?

Madel (schlägt sich auf den Mund). Was hab' i da g'schwäzt?

Karl (zum Oheim). Hab ich's nicht gesagt? Nun, kommt ihre fixe Idee.

Oheim. In der That, die Frau Baronin führt
sonderbare Reden. Die gnädige Frau ist wohl im Fie-
ber, oder sollte der Wein —

Mabel (springt auf). Was? Das geht mi z'weit!
Glaubt der Herr vielleicht daß i ein Haarbeutel hab'?

Charlotte (hält fie zurück.) Tante, um Gotteswillen!

Oheim. Die Frau Baronin, einen Haarbeutel,
ich verstehe nicht —

Mabel. Das isch leicht zu verstehe; Sie meinet,
ich sei weinschellig? Höret, die G'schicht muß ihr End'
habe. Zum Narre halte lasse i mi nett!

Oheim. Gnädigste!

Mabel. Nix da! S'ist g'nug mit dere Komödie.—
J bin ein rechtschaffene Schuhmacherfrau, und i leid's
nett, daß man so despectirlich von dene Handwerksleut
rede thut! Wir sind alle Mensche, hoch und gering.
Das Titular- und Adelswese, das ischt nix rechts, lauter selber g'machts Zeug, pure Hochmuth und unchrist-
liche Stolz! Unser lieber Herr Gott weiß kein Wörtle
davon, sonscht hätt' er nett alle Mensche ohne Rock
und Pergament auf die Welt komme lasse, sondern
hätt' ihnen gleich's Stammbäumle und's Ordenskreuzle
anwachse lasse — aber in der Wieg' sind wir alle
gleich armselig! Schämet Euch, alter Herr, daß Ihr
an so nichtiges Zeug's glaubet, und Euer Herz dran
hänget.

Charlotte. Theuerste Base Mabel!

Karl. Tante Varnbühler!

Mabel. Ach, lasset mi schwätze — es druckt mit

ſcho lang. I weiß ganz guet wie's hier ſtehe thuet! Der Herr Baron da iſcht gar zu bös und wüſcht mit Euch umgange, und ſein abliges Herz iſcht hart und knorrig wie ein Eichelkloß! O i hab es ſcho erfahre. Man hat mi's heim g'ſchriebe und mi ang'rathe: i ſollt nur komme und ſehe: wie der geſtrenge Herr Baron Euch das Leben verbittre thue, allweil bloß, weil Du, mei Lottle, kei Adlige, ſondern eines redlichen Handwerkers Tochter biſcht.

Oheim. Was höre ich? Iſt es möglich?

Charlotte. Baſe! Baſe! Ihr ſtürzt uns in's Unglück!

Karl. Welch eine Scene!

Madel. Aber laſſet's nur guet ſein: i bin da. Es wird ſcho gehe. I will dem ſtolze Herre da ſo lang in's G'wiſſe ſpreche, bis er Euch lieb hat, wie i Euch hab'. I geh nett von Euch, i bleib im Haus. I will Euch ſcho beſchütze!

Oheim. Was iſt das? Karl, Charlotte! Ihr habt mich hintergangen!

Karl und Charlotte (zu des Oheims Füßen).

Verzeihung! Tauſend Mal Verzeihung! Theuerſter Onkel!

Madel. Nix da! Steht auf! Vor dem lieben Herregott thuet Euch niederwerfe, aber nett vor ſo einem Menſche. Mit dem laſſet mi rede, i will ihm ſchon's Gewiſſe ſchüttele! Gebet nur Acht!

Oheim. Holla! Nun wird mir die Sache zu arg! Mir aus den Augen alle drei. (Zu Karl und Charlotten.)

Hättet Ihr mir Euren Betrug gestanden, ich hätte Euch vergeben können. Jetzt ist es zu spät. Mit dieser Frau kann ich nicht unter einem und demselben Dache wohnen. Geht. Ich ziehe meine Hand von Euch ab.

Charlotte. Oheim, theuerster Oheim. Denken Sie an Alfred und Max. An die süßen Kinder!

Karl. Lassen Sie sich bewegen, bester Oheim.

Oheim. Nichts da!

Mabel. Ei, winselt und jammert nett so — der Mann ischt von Stein — deswege ischt noch nett Alles aus, wenn der Euch verstoße thuet! Ich hab' schon einmal so ein Adlige g'holfe, wie er im Pech g'sesse hat, ich kann's noch einmal thue! Mein klein's Vermögele ischt gut ang'legt, die Lotte da kann arbeite — ich nehm' Euch mit in's Schwabeland, und die kleine Barönle dazu; z'lebe habet mi, und ischt's nett mit Barons-Scheffel, so ischt's doch mit Schuhmachers-Löffel — und daberbei verhungert man deretwegen noch lang' nett!

Charlotte (Mabel um den Hals fallend). Ach Base, was habt Ihr gethan! Ihr zerstört unser ganzes Glück! Wir lebten so froh in Eintracht und Liebe — Eure Dazwischenkunft stürzt Alles um!

Mabel. Was faselscht Du da, Kind? Glückli hättet Ihr gelebt mit dem da? Ja, wie ischt mi denn? Was ischt's denn nachher mit deme Brief, den i in Schwabeland g'kriegt hab? Gucket noh! (Sie zieht einen Brief hervor, tritt sich dabei im Eifer auf das lange Kleid, zieht sich ungeduldig die Mantille ab und wirft sie über den Arm.) Da steht's g'ſchriebe, daß Euer Onkel Euch druckt und plage thuet, weil Du nett von Adel ſeiſchſt. Gucket, da ſteht's: „Machet Euch auf und kommet her, wann Ihr dem Elend ein End' mache wollt; ſtellet Euch aber vor-nehm und ablig an, ſonſt wirft Euch der Herr Baron gleich die Thüre vor der Naſe zu; dann haltet ihm ſeine ganze Grauſamkeit vor — vielleicht daß Ihr ihn rührt. Kommet nur bald und richtet es ſo ein, wie ich Euch ſage, ſonſchſt iſcht's der Lotte ihr Tod. Ein guter Freund des Hauſes."

Karl. Das iſt eine abſcheuliche Verläumdung, eine klare Lüge. Mein Oheim war bis jetzt ganz Liebe, der zärtlichſte Vater, den es geben kann. Er that, was er vermochte, um unſere Ehe glücklich zu machen. Ach, nur der Betrug, den wir gegen ihn auf dem Ge-wiſſen hatten, warf einen finſtern Schatten über den Sonnenſchein, in dem unſer Daſein dahinfloß. Endlich wäre gewiß eine gute Gelegenheit gekommen, ihm die-ſen zu entdecken. Die heutige Kataſtrophe aber vernich-tete alle unſere Hoffnungen!

Charlotte (weinend). O Baſe, Baſe — Ihr habt uns recht unglücklich gemacht.

Oheim (für ſich). Kaum halte ich mich noch; meine Strafe iſt faſt ein Bischen zu grauſam ausgefallen.

Madel (die ganz ſtarr vor Schreck zuhörte). Wie iſch mi denn? Was hab' i denn da g'macht? O, i unglück-ſeligſchte Kreatur, hat mi das paſſire müſſe! Was iſcht denn jetzt des für oan Spitzbub', der mi ſo auf's Eis g'führt hat mit dem verdammte Brief? (Sie fällt

(Charlotten um den Hals.) Na, fei nur guet und thu' nett
fo greine — es wird fo fchlimm nett werde. Wann
der Herr Onkel ein Herz im Leib hat, fo wird er fich
rühre laffe! (Sie geht auf ihn zu.) Verziehet Sie einer alte,
einfältige Frau, die's hat recht guet mache wolle! I
hab's g'wiß von Herze brav g'meint, hab dene arme
Kinder helfe wolle, und hab' mi ein ganz Vierteljahr
furchtig abplagt, bis mi die Jungfer von der Frau
Generale Hügel hat die a d l i g D a m' und des kauder=
welfche Franzöfifch einftudirt — des war ein fchön's
Stuck Arbeit! Glaubet Sie no, es thuet mi weh, wann
i Sie kränkt hab'! Laffet Sie aber die da (Auf Karl
und Charlotte zeigend) nett entgelte, was i aus Irrthum
an Ihne verbroche hab'! Wann Sie die Kinder b'halte
wollet, fo will i fie Ihne laffe, denn fo guet konnet
fie's bei mi nett habe, aber i verfprech' Ihne heilig,
ich geh' gleich wieder in's Schwabeland heim und will
in dem adlige Haus Niemand mehr zur Lafcht falle!
Thuet's nur, i bitt' Euch d'rum! Komm nur her,
Lottle, kommet, Herr Karl, mir wollet Abfchied von
einander nehme! (Sie umarmt Beide, weinend.) I hab' mi
fo g'freut g'habt auf Euch, jetzt ifcht Alles vorbei!
Lebet wohl und g'fund — grüßet mi die Büble und
faget no: I hätt fie recht küffe und lieb habe wolle,
aber, weil das nett fein darf, fo fchenk' i ihne den
Ring. (Sie zieht ihn vom Finger und giebt ihn fpäter an Charlotte.)
Den folle fie ehre, und Jeder foll ihn trage, wenn er
eing'fegnet wird. Es wird ihm Glück bringe, denn es
ifcht mein Koftbarfchtes und Liebftes auf der Welt, und

es hangt das Andenke einer gueten That d'ran — sie brauchet sich nett zu schäme, es war eine That, die zur Noth ein'm Baron Ehre mache könnt — und derentwegen dürfet sie immer mit Respect an ihre Großtante, die Schuhmacherin, denke! (Sie verbirgt ihr Gesicht weinend in den Händen.)

Oheim (für sich). Ich hatte Recht, sie ist es! (Geht zu Charlotten und betrachtet den Ring, laut.) Ja, er ist's — ich täuschte mich nicht, Muhme Madele!

Madel (heftig weinend). Was wollet Sie?

Oheim. Von wem habt Ihr den Ring?

Madel (mit von Schluchzen unterbrochener Stimme). Von einem Offizier, den im Krieg meine Eltern in ihrem Haus mit Lebensg'fahr versteckt und g'pflegt habet, da er ischt verwundet g'wese. Er hat ihn mi gebe zum Abschied — er war ein rechtschaffener Mensch, denn er hat mi gern g'habt und i ihn — aber er war brav!

Oheim. Er ist noch brav, und das Madele Hübner ist's auch. (Er umfaßt plötzlich Madel und walzt singend mit ihr im Zimmer herum.) Lalalalalala!

Karl. Jetzt scheint's, kommt die Reihe der Tollheit an den Onkel!

Charlotte. Was ist denn das nun wieder!

Madel (athemlos). Ja, was treibet Sie denn? —

Oheim (sie umarmend und küssend). Madele — einziges, liebes Madele! Erkennt Ihr mich denn nicht? Habt Ihr mich denn nie gesehen?

Madel (zitternd vor Aufregung). I weiß nett wie mi

g'schiecht — mei alts Herz fangt an z'klopfe wie Anno donnemals — Du mei liebes Herrgöttle! —

Oheim. Der Offizier, an dem Ihr so brav gehandelt, der Euch zum Abschied den Ring gab —

Madel (schnell). Wisset Ihr ebes von dem?

Oheim. Dieser Offizier bin ich! —

Karl (ergreift in toller Freude Charlotte und tanzt ebenfalls mit ihr, singend:) Lalalalalala!

Madel (während dessen). Ja — ischt denn das möglich, ischt's wahr?

Oheim (faßt ihre Hände). Freilich, freilich!

Madel. Und — Ihr wollet mi bei Euch leide im Haus?

Oheim. Und das fragt Ihr jetzt noch? — Laßt mich doch nur Alles in's Klare bringen. Der Spitzbube, der Euch mit dem Brief so angeführt, bin ich; ich schrieb ihn selbst. Der Zufall führte mir einmal ein Schreiben von Euch an Charlotten in die Hand — ich erkannte augenblicklich die Schrift, mit der Ihr vor fünfunddreißig Jahren die schwäbischen Lieder abgeschrieben. Schon lange war ich dem Betrug meines Neffen auf der Spur, und hoffte immer, daß er mir Alles gestehen würde. Um ihm die Sache etwas schwerer zu machen, spielte ich den eingefleischten Aristokraten, wie ich es wahrlich nicht bin! — Ich machte es aber so natürlich, daß die Beiden den Muth, sich zu entdecken, nicht gewinnen konnten. Ich mußte endlich die Bombe selbst zum Platzen bringen. Darum lockte ich Euch hierher, Madele, um die wackere Retterin

meines Lebens verehren, und diese zwei Spitzbuben be-
strafen zu können! (Karl und Charlotte fallen ihm um den Hals.)

Madel. Jetzt gucket, so ischt's recht. Ihr seid als
alter Herr so brav bliebe, wie Ihr's als junger Offizier
g'wese und mit Euch kann man scho ein Hopser mache! '
(Sie ergreift ihn ohne Umstände und tanzt mit ihm, indem sie singt:)

Es schwimmen zwei Fische
    Im Bodensee — Bodensee —
Die stecket die Köpfe in d' Höh' — —
    Und wenn ich mein Schätzle von Weitem seh' —
      Weitem seh' —
Schrei ich vor Freude! Juchhe! —
        (Karl tanzt indeß mit Charlotte.)

Letzter Auftritt.

Die Vorigen. Alfred. Max.

Alfred. Es wird angerichtet! Zu Tisch! Zu
Tisch! —

Max (sieht die Tanzenden, lustig): Wir tanzen auch mit!
(Die Kinder fassen sich an und tanzen.)

Madel (steht athemlos still). Hot, da sind die Büble!
(Sie stürzt auf sie zu, kniet zu ihnen nieder und umhalst sie.) So, Ihr
Prachtsbube, jetzt darf mi kei Mensch mehr verbiete,
daß i Euch auf gut schwäbisch abküsse thu! Und
wann Ihr einmal ein Bißle g'scheuter seid, und das
Schwabe französisch g'lernt habt, nachher will i Euch
eine G'schicht verzähle, aus der Ihr lerne sollt, daß rechtschaffene Handwerksleut' ebe so viel werth sein könnet,

als die Vornehme, wenn sie ebe nichts weiter wollet, als ihre Pflichte erfülle! — Thuet Jeder die seine, nachher könnet alle Mensche' glücklich sein, ob sie drobe oder drunte sind!

Karl und Charlotte. Ja wohl — Alle?

Oheim. Es lebe der Frohsinn — und die Tante aus Schwaben.

Karl und Charlotte (an ihrem Halse). Sie lebe!

Eine Frau, welche die Zeitungen liest.

Luftspiel in einem Act.

Perſonen.

Faber, Oberſt außer Dienſten.
Alfred zu Werthen, ſein Neffe.
Mathilde, deſſen Frau.

———

(Die Scene stellt ein elegantes Zimmer dar, in welchem sich unter andern Möbeln auf der einen Seite eine Bergére und ein runder Tisch, worauf eine große Menge von Zeitungen liegen, befinden.)

Erster Auftritt.

Alfred (zu dem auf- und abgehenden) **Oheim** (hereintretend.)

Alfred. Wollen Sie uns wirklich schon wieder verlassen, liebster Oheim?

Oheim. Ja. Ich bleibe keinen Tag mehr bei Euch!

Alfred. Sie erschrecken mich! Gefällt es Ihnen denn nicht bei uns?

Oheim. Nein. Ich halte es hier nicht aus. Es ist mir zu ruhig bei Euch.

Alfred. Warum nicht gar!

Oheim. In der That. Es ist keine Regsamkeit bei Euch, kein Lärm. Ihr zankt und streitet Euch nicht. Ihr lebt in keinem Unfrieden, in keinem Hader. Das ist zum Entsetzen für mich. Ich muß immer ein wenig Getobe, ein wenig Agitation und Aerger haben. Sonst

verbaue ich nicht, sonst bin ich nicht gut aufgelegt.
Die Stille und der Frieden sind mir zuwider. Die
Blicke des Glücks und die Küsse der Liebe nun gar! Die
machen mir Uebelbefinden! Davon bekomme ich Ma-
genweh! Schon als ich vor einem Jahre Abschied von
Euch nahm, um auf Reisen zu gehen, erboßte ich mich,
daß Ihr nach den Flitterwochen noch immer so glücklich lebtet und keine Uneinigkeit zeigtet; aber ich tröstete
mich mit dem Gedanken: laß' es nur gut sein, es wird
schon kommen. Wenn Du wiederkehrst, findest Du gewiß ein Paar saure Mienen des Mannes und einige
bitt're Thränen der Frau. Aber nichts da! Wie ich
sehe, ist noch Alles beim Alten. Du bist noch immer
die Hingebung und Liebe selbst und Mathilde lächelt
noch immer mit jenem Ausdruck der Zufriedenheit, der
mich zum Rasen bringt. Nein, wenn Ihr nur ein
Bißchen gespannt mit einander wäret, wenn Ihr Euch
nur ein klein wenig mit einander entzweien wolltet,
so ließe sich doch etwas mit Euch beginnen. Man
könnte Euch verhetzen, auseinanderbringen und zuletzt
mit einander versöhnen. Aber daran ist nicht zu denken.
Du willst Alles, was sie will, sie will Alles, was Du
willst. Keiner verklagt, keiner verflatscht den Andern.
Das halte der Teufel aus, aber nicht ich. Ich muß
Humor, Spektakel haben. Hättet Ihr nur wenigstens
ein Paar wilde, unbändige Jungen, so ginge es am
Ende noch. Die könnten einem doch zu schaffen machen.
Aber leider sind auch die nicht da!

Alfred (freudig). Wenn es nur das ist!

Oheim. Papperlapapp! Ihr kriegt gewiß nur Mädchen, kleine Zierpuppen, Dinger, die man auf den Nipptisch stellen kann. An eine Teufelsbrut, wie ich sie brauche, ist bei Euch nicht zu denken. Ihr seid zu solide dazu. Mit einem Wort, Ihr liebt Euch zu sehr, Ihr seid zu glücklich.

Alfred (bitter). Meinen Sie?

Oheim. Freilich. Da ist's bei Deinem Bruder Arthur, der jetzt auf seinem Gute lebt, eine ganz andere Wirthschaft. Da giebt's immer etwas zu thun für mich. Da folgt eine Thorheit der andern. Noch in diesen Tagen erst hat's große Scenen gegeben, weil eine Liaison an's Tageslicht kam, die er mit einer Tänzerin in der Residenz, als er dort noch Referendar war, angeknüpft hatte. Nun, nachdem ich ihn überzeugt, daß ihn die Mademoiselle Delvil an der Nase herumgeführt, gab er sie auf und versöhnte sich mit seiner Frau. Da (Auf seine Tasche zeigend) bring' ich der galanten Dame die Liebesbriefe zurück, die sie an ihn schrieb. Ich soll sie ihr durch die Post zurückschicken. (Sehr vergnügt). Nun aber, gieb nur Acht. Es wird nicht lange dauern, so bindet er mit einer Andern an und macht mir auf's Neue zu schaffen. Ja, der Junge ist mein Augapfel! Wenn ich den nicht hätte, so hätte ich gar keine Freude am Leben. Der hat Temperament. Der hat Blut. Saperlot, der macht alle acht Tage einen dummen Streich. Aber Ihr! Geht mir! Es ist kein Naturell in Euch. Ihr seid abgeblaßte Wesen. Ihr habt keine Ausbrüche, keine Eigenheiten, keine Schrullen, keine

Leidenschaften. Ihr schießt keine Böcke, macht keine faux pas. Du spielst, Du trinkst nicht, Du hast keine Liebschaften. Mathilde zeigt keine Laune, keine Koketterie, keine Modesucht. (Mit der rechten Faust in die linke Handfläche schlagend.) Ich gäbe, wer weiß was drum, wenn ich ein Laster oder irgend sonst eine schwache Seite an einem von Euch entdecken könnte.

Alfred. Wenn Sie nur suchen wollten!

Oheim. Suchen! Das ist es ja eben. Geht mir! Fehler, die man suchen muß, das sind gar keine Fehler! Handgreiflich, faustdick müssen sie sein, sonst sind sie der Rede nicht werth. — — Alfred, Neffe, höre mich! Wenn Ihr mich lieb habt und wollt, daß ich bei Euch aushalten soll, so thut mir den einzigen Gefallen und begeht einmal eine recht ordentliche Albernheit. Ohne dies seht Ihr mich wahrhaftig Euer ganzes Leben nicht wieder.

Alfred. Liebster Oheim!

Oheim. Ach was! So eine stete Glückseligkeit zwischen Eheleuten ist gar nicht zu ertragen. Wenn's alle Tage Sonnenschein gäbe, hielte ich es auf der Erde nicht aus. Sturm, Regen und dann blauen Himmel, das laß' ich mir gefallen. Liebt, küßt und herzt Euch, aber zankt und streitet Euch auch einmal, wenn's nicht anders geht. Nur nicht dies Einerlei!

Alfred. Dies Einerlei existirt ja auch leider nicht mehr. Haben Sie denn nicht bemerkt, liebster Oheim — —

Oheim (gespannt). Was?

Alfred. Daß meine Frau verändert ist, daß ich
offen und ehrlich gestanden, weil mir das Schweigen
das Herz abbricht, Grund genug habe, über Mathilde
zu klagen?

Oheim (entzückt). Hörte ich recht? Klagen über
Mathilde! — — Junge, laß Dich umarmen, küssen,
an mein Herz drücken! Klagen über Mathilde! Das
ist einzig! Das ist göttlich! Das macht mir Hoffnung
für Euch! (Er holt zwei Stühle in den Vordergrund.) Mensch,
wie hast Du mir diese herrliche Nachricht so lange vor-
enthalten können. Ich brenne ja darauf. Ich habe
mich ja deswegen nur über Eure Heirath gefreut!
Nun aber rasch! Hier sind Stühle! So! Nun setze
Dich! Nun rede, nun schütte Dein Herz aus, nun
mache Dir Luft. Weine, jammre, ringe die Hände!

Alfred. Mein lieber Oheim!

Oheim. Halt! (Aufstehend). Ehe Du beginnst,
müssen wir uns vorsehen, daß man uns nicht unter-
bricht. (Geht zur Thüre und schließt sie, nachdem er hinausgesehen,
ab). Niemand ist da, wir sind sicher. (Zurückkommend, mit
gedämpfter Stimme). Nun fange an. Nun sage, was es
giebt. Eine Untreue, eine Falschheit, oder ein Verbrechen. Genire Dich nicht. Mir kannst Du Alles
sagen. Alles, hörst Du? Das Schrecklichste, wenn es
sein muß. (Aus der Reisechatoulle, die auf einem sonst leeren Tische
stehen muß, ein Flacon hervorholend.) Hier stelle ich eine Flasche
mit Riechessig hin, im Fall Du vielleicht die Besinnung verlieren solltest.

Alfred. Nicht doch, mein Oheim. Ich bin nicht

so schwach, als Sie meinen. Auch ist die Sache noch nicht so gefährlich, aber sie kann es freilich werden.

Oheim. Wir wollen sehen. Nur heraus damit.

Alfred. Nun gut. Hören Sie zu. Sie wissen, wie glücklich ich mit Mathilde lebte.

Oheim. Leider! Ich war Zeuge davon. Ich sah Eure Einigkeit, Eure Liebe, Eure stete Zufriedenheit. Es war ein Zustand, der mich zur Verzweiflung brachte. Die Langeweile, der Aerger darüber, trieben mich in's Ausland. Hierher zurückgekehrt, finde ich Alles beim Alten. Erst jetzt, nachdem ich bereits wieder den Entschluß gefaßt habe, Euch auf's Neue zu verlassen, vernehme ich, daß nicht Alles bei Euch stimmt. (Sich die Hände reibend.) Wo fehlt's? Wo gebricht's?

Alfred. Auf Seiten meiner Frau. Meine Frau hat eine Leidenschaft.

Oheim (sehr vergnügt aufspringend). Gott sei Dank! Das läßt sich hören! Das giebt eine Herausforderung, ein Duell. Ich bin Dein Secundant, versteht sich. Auf mich kannst Du rechnen. Hier (Eine, auf einem Tisch stehende Reisechatoulle öffnend) sind ein Paar herrliche Pistolen. Englische Arbeit! Köstliche Läufe! Ich schenke sie Dir. Wer ist der Gegner?

Alfred. Sie mißversteh'n mich, Oheim. Von einem Gegner ist nicht die Rede.

Oheim (die Pistolen ärgerlich in den Kasten werfend). Nun, von was denn sonst? Die Leidenschaft Deiner Frau muß doch einen Gegenstand haben!

Alfred. Freilich! Aber dieser Gegenstand ist kein Mann.

Oheim. Etwa Gold oder Kostbarkeiten? Neffe, Deine Frau ist doch nicht etwa eine Diebin aus angeborener Leidenschaft? Du weißt: es giebt eine Manie — —

Alfred. Nicht doch! Sehen Sie dort auf jenen Tisch. (Zeigt auf den Tisch mit den Zeitungen.)

Oheim. Nun, was giebt's da? (In den Blättern herumwühlend.) Zeitungen! Nichts als Zeitungen!

Alfred. Nun ja! Die eben meine ich!

Oheim. Wie so! Steht ein Scandal über Deine Frau darin? Da muß Rache genommen werden, blutige Rache! Wo ist der Artikel?

Alfred. Von einem Artikel ist nicht die Rede.

Oheim. Aber von was denn sonst, zum Teufel?

Alfred. Von den Zeitungen überhaupt.

Oheim. Ich verstehe Dich nicht.

Alfred. Sie werden mich bald verstehen. Geben Sie Acht.

Oheim. Ich höre.

Alfred. Wissen Sie, was es heißt: eine Frau, welche die Zeitungen liest?

Oheim. Nun!

Alfred. Eine Frau, welche die Zeitungen liest, das heißt, eine Frau, die aufgehört hat, ein Herz für die Liebe, einen Sinn für die Häuslichkeit und die stillen Tugenden der Familie zu haben. Eine Frau, welche die Zeitungen liest, das heißt, eine Frau, welche mit Ueberhebung auf die kleinen Kreise ihres Lebens schaut und sich berufen glaubt, für die großen Geschicke der Welt, für den Ruhm der Geschichte zu wirken. Eine Frau, welche die Zeitungen liest, das heißt: eine Frau, welche die Ergebenheit und Treue ihres Mannes über die Achsel ansieht, weil sein Name nicht in den Spalten der öffentlichen Blätter steht, welche seinen Fleiß und seine Mühe, die ganze Arbeit seines Lebens mißachtet, weil die Journale keine täglichen Berichte und Urtheile darüber bringen! Eine Frau, welche die Zeitungen liest, das heißt — — (Die Hände vor das Gesicht schlagend). O, mein Gott, mein Gott!

Oheim (von einem Fuß auf den andern trippelnd, sich die Augen wischend, dazwischen sich die Hände reibend). Himmlisch! Göttlich! Das giebt Stoff zu großen Scenen, zu Debatten, zu Intriguen, zu eclatanter Versöhnung. Himmlisch! Göttlich! Nun ist Alles gut. Ich sehe zu meiner Freude, daß ich mich in Euch getäuscht und daß Ihr durchaus nicht so glücklich seid, als ich fürchtete. O, nun bleibe ich. Nun giebt es Arbeit für mich. Nun kann ich handeln, schüren und das Feuer zum Ausbruch bringen. Sei getrost, mein Junge, es wird Alles gut. Verlaß Dich auf mich.

Alfred (an des Oheims Hals stürzend). Mein theurer Oheim!

Oheim. Nur gefaßt, nur ruhig, nur Vertrauen in mich gesetzt. Erzähle, wie treibt es Mathilde?

Alfred. Um zehn des Morgens kommt sie herunter, oft ohne Toilette gemacht zu haben, ohne mir guten Morgen zu sagen. Eifrig fällt sie über die Blätter her, liest und studirt bis drei. Wenn ich aus der Sitzung des Kammergerichts komme, finde ich sie noch immer an ihrem Platze. Manchmal schlägt es fünf, ehe sie fertig und wir zu Tische gehen. Da referirt sie mir nun Alles durcheinander. Von Kammerverhandlungen, Kabinetsfragen, deutscher Flotte und Einigkeit. Von Liebe, von Hingebung aber kein Wort. Kein Wort aus der Tiefe ihres Herzens, aus dem Innern ihrer Seele, wie sonst.

Oheim. Und das treibt sie unausgesetzt alle Tage?

Alfred. Tag für Tag.

Oheim. Aber gestern habe ich ja gar nichts davon bemerkt.

Alfred. Sie war eben fertig geworden, als Sie kamen.

Oheim. Mir schien sie auch gar nicht verändert, sondern im Gegentheil so aufgelegt und liebevoll wie sonst.

Alfred. Sie hatte über den glücklichen Ausfall der neuesten Wahlen gelesen. Davon war sie gutgestimmt und heiter gemacht worden.

Oheim. Sieh mir einer an! Das hätte ich gar nicht hinter ihr gesucht. Also eine Frau, welche die Zeitungen liest. Das ist eine neue Species. Machen wir uns bekannt damit.

Alfred. Das werden Sie hinlänglich thun können, wenn Sie hier im Zimmer bleiben wollen. Nicht
lange dauert es, so wird sie erscheinen.

Oheim. Gut. Ich werde sie in's Auge fassen.

Alfred. Und dann?

Oheim. Ihr den Kopf zurecht zu setzen suchen. Laß
mich nur machen. Das ist mein Fach. Dabei giebt es
einige große Scenen, einige belebte Auftritte, einige
Ausbrüche und Eclats.

Alfred. Treiben Sie es nicht auf das Aeußerste.
Ich liebe sie noch immer. Ich werde sie ewig lieben!

Oheim. Larifari! Ich weiß schon, wie weit ich
zu gehen habe.

Alfred. Je stiller und sanfter sich die Sache macht,
desto besser.

Oheim. Den Teufel auch! Ordentlicher Lärm
muß dabei sein, das ist meine Bedingung. Ich schmachte
nach einer Aufregung, nach einer Emotion, nach einer
ordentlichen Zänkerei. So etwas würzt das Leben. Du
sollst einmal sehen, wie Dir so ein Tag gefallen wird.
(Sich die Hände reibend.) Gieb nur Acht, Du gewinnst Geschmack daran und treibst es künftig so, daß ich mit
Freuden bei Euch wohnen kann.

Alfred. Aber wie wollen Sie denn die Sache
eigentlich beginnen?

Oheim. Das weiß ich noch nicht. Darüber muß
ich erst noch mit mir selbst zu Rathe gehen. Wenn ich's
nützlich finde, theile ich Dir übrigens noch meine Pläne
mit. Jetzt geh nur und laß mich machen.

Alfred. Ich muß überdies in die Session. Aber ich komme heut' etwas früher zurück, weil Mathildens Geburtstag ist, was sie auch über die Zeitungen ganz vergessen zu haben scheint, wie Alles.

Oheim. Geh nur, geh!

Alfred. Noch eins. Wenn ein kleines Briefpacket an mich kommt, so nehmen Sie es bei Seite, lieber Oheim.

Oheim. Gut! Gut! Laß mich nur jetzt in Ruh. Meine Pläne durchkreuzen sich. Ich sehe im Geist die brillantesten Scenen: Mathilde in Aufruhr, in entfesselter Leidenschaft, mit aufgelöstem Haar. Dich verlegen, in Intriguen verwickelt, ganz außer Dir. Mich selbst in Wonne und Entzücken. O, die Geschichte wird herrlich werden!

Alfred. Sie machen mir Angst. Fast möchte ich wünschen, daß ich mich Ihnen nicht entdeckt hätte.

Oheim. Junge, könntest Du mich um das schönste Glück meines Lebens bestehlen wollen? Dich und Mathilden einmal in Collision zu sehen, Alfred, das vermöchte ich Dir nie zu vergeben. Das wäre Verrath an mir, an Deinem guten, alten Oheim, der Euch Beide wie seine Kinder liebt, und dem jetzt die Freudenthränen im Auge steh'n, daß er Euch mal recht nach Herzenslust aneinanderhetzen kann. (Wischt sich die Thränen aus den Augen.) Gönne mir das! Ihr könnt ebenso nach Herzenslust weinen, wenn ich Euch wieder, und hoffentlich fester als sonst, zusammengebracht habe.

Alfred. Närrischer Oheim! Thun sie denn, was Sie wollen!

Oheim. Nun, das heiße ich vernünftig gesprochen! Geh! Du sollst mit mir zufrieden sein.

Alfred. Gebe es der Himmel. Ich wünsche es von Herzen. (Ab.)

Zweiter Auftritt.

Oheim (allein, sich die Hände reibend).

Das wird eine köstliche Wirthschaft geben! Tau= sendelement! Solch ein Glück hätte ich mir nicht träu= men lassen. Zu meinem größten Aerger meinte ich immer, daß die Kinder ein Herz und eine Seele wären. Ich hätte sie vor Wuth darüber beinahe enterbt. Aber nun sehe ich noch zur rechten Zeit, daß ich ihnen Un= recht that. Die lieben, charmanten Menschen leben wie Hund und Katze! Sie ärgern, grämen und entzweien sich. Das ist einzig. Das erobert ihnen mein Herz. Nun gehöre ich ihnen mit Leib und Seele. Nun habe ich, was ich wünsche. Agitation! Intrigue! Ent= zweiung! Heimlichen Kummer! Offene Klage! Daraus läßt sich alles Mögliche machen. Ein Roman à la Mathilde von Eugen Sue! Ein Drama, wie „Eine Familie,“ von der Frau Doctorin Birch=Pfeiffer! Es kommt Alles auf die Wendung an, die ich der Sache gebe. Ich kann sie im Styl der großen Tragödie oder in der Manier des kleinen Lustspiels arrangiren. Ganz

wie es mir gefällt. Mir steht die Verzweiflung eines
Mannes und die Thorheit einer Frau zu Gebot. Welch
ein Kapital das! Reich an Thränen, an gerungenen
Händen, an gebrochenen Herzen. Aber auch reich an
Humor, an lachendem Witz, an heiterer Laune! Was
wähle ich nun? Ich denke, das Letztere. Die Komödie
ist ein dankbares Feld. Molière inspirire mich. Sein
Genie verhelfe mir zu einem gesunden Einfalle, der um
so nöthiger ist, als ich keine Zeit mehr zu verlieren
habe. Mathilde wird gleich hier sein. Wie falle ich
ihrer Zeitungsmanie am Besten in die Flanke? Das
ist nun die große Frage. Hm! Hm! (Nach einer kleinen
Pause der Ueberlegung.) Ich denke durch Eifersucht. Das ist
ein Hausmittel in der Ehe, das bei einer Frau immer
hilft, selbst bei einer Frau, welche die Zeitungen liest,
hoffe ich. Warum auch nicht? Mathilde liebt Alfred
gewiß. Ihre Neigung ist nur in den Hintergrund getreten vor der Politik und den Fragen des Tages. Es
kommt darauf an, sie darunter auf's Neue hervorzu-
ziehen. Aber wie? Darauf kommt es an. Die Sache
hat ihre Schwierigkeiten. (Wieder eine Pause des Nachdenkens.)
Aber halt! Da fällt mir etwas ein. Trage ich nicht
hier die Billetdoux's, welche die kleine Französin an
Arthur schrieb, bei mir? Richtig! Ich habe sie noch
gar nicht einmal angesehen. Heraus damit, die können
uns vielleicht helfen. Sehen wir zu. (Ein Packet aus der Tasche
ziehend.) Ein ziemlicher Haufen von Liebesbriefen.
A Mademoiselle, Mademoiselle Mélanie Delvil,
première danseuse etc. Mit der lakonischen Bemer-

kung für die Post: Manuscripte ohne Werth! O, das sieht ihm ähnlich! Wie oft mag er der Tänzerin geschworen haben, daß diese Zettelchen das Glück seines Lebens ausmachen. Nun sind es Manuscripte ohne Werth! Der Bösewicht! Aber weiter —— (Indem er das Packet erbricht und einige Briefe von Außen und Innen durchfliegt.) Herrlich! Herrlich! Das paßt charmant. Alles voller Leidenschaft, voller Feuer und Gluth! Und auch die Adresse paßt: A Monsieur Monsieur de Werthen, Référendaire. Gut! (Den Brief unter die Zeitungen legend.) Liege du da. Ihr anderen Briefe aber zurück in meine Tasche! —— So, nun kann Mathilde kommen. (Sich geschwind setzend.) Ah! da ist sie auch schon.

Dritter Auftritt.

Der Oheim. Mathilde.

Mathilde (im Eintreten). Nun zu meinen Zeitungen. (Den Oheim sehend, für sich). Der Oheim? Was will der hier?

Oheim (der eine Zeitung in die Hand genommen und gethan, als wenn er läse, auffehend.) Ah! Guten Morgen, Mathilde. Ich mache Ihnen mein Compliment.

Mathilde. Worüber, wenn ich fragen darf?

Oheim. Ueber was denn anders, als den Eifer, mit dem Sie die Zeitungen lesen.

Mathilde (sich auf die Bergére zum Zeitungstisch setzend). Wirklich! Lieben Sie das?

Oheim. Ich finde es ganz vortrefflich. Es ist ein Zeichen von geistiger Superiorität, die man den Frauen nur gar zu oft hat absprechen wollen.

Mathilde. Nicht wahr? Als ob wir nicht auch Sinn für das Vaterland, für das gesammte Große, für die Politik haben könnten!

Oheim. Ja, als ob es nicht bewiesen wäre! Wie viel Beispiele belegen nicht, daß auch das Weib des Heroismus, der Freiheitsliebe und sogar der Regierungskunst fähig ist.

Mathilde. Da ist die große Elisabeth von England, die russische Katharina, Maria Theresia.

Oheim. Freilich! Auch die Margarethe von Parma, jene berühmte Gouvernante der Niederlande, die es den Männern bis auf das Podagra und den Schnautzbart gleichgemacht hat.

Mathilde. Die Jungfrau von Orleans, die Madame Roland, Charlotte Corday!

Oheim. Madame Aston nicht zu vergessen, die Freischärlerin in Schleswig-Holstein.

Mathilde. Viele, viele Andre!

Oheim. Versteht sich! Hierbei braucht man um keine Beispiele verlegen zu sein. Tausende von Exempeln beweisen, daß auch die Frau den Beruf zur Geschichte hat. Ja, ich möchte sogar behaupten, daß ihr Wesen dazu eigentlich mehr Essenz besitze, als das des Mannes. Es hat mehr Impuls, mehr Enthusiasmus, kurz mehr Leidenschaft. Sehen wir die Historie an.

10*

Es ist nichts Großes geschehen, an dem sich nicht eine Frau betheiligt.

Mathilde. In der That! Sie machen da eine gute Bemerkung.

Oheim. Freilich sind es auf der andern Seite die Frauen auch wieder, die, eben weil sie Alles nur mit Emphase treiben, jede Sache, wie die Philosophen sagen, ad absurdum bringen.

Mathilde. In wiefern?

Oheim. In sofern, als z. B. eine Frau, welche die Zeitungen liest, ganz und gar ihre Wirthschaft versäumt, ihres Mannes nicht achtet.

Mathilde. Geht das auf mich?

Oheim. Warum nicht gar!

Mathilde. Mein Mann hat alle Ursache, mit mir zufrieden zu sein. Er wird und kann nicht klagen. Was aber das Hauswesen betrifft, so denke ich, daß ich darin meine Schuldigkeit thue.

Oheim. Recht so, liebes Nichtchen. Das Eine erfassen, aber das Andere nicht lassen. Das ist der Wahlspruch jedes echten Mannes und jeder braven Frau. Aber ehe wir weiter reden, was wird denn heut in der zweiten Kammer verhandelt?

Mathilde (schnell). Die Adresse auf die Thronrede.

Oheim. Und was haben wir heut zu Mittag?

Mathilde (verlegen). Wahrhaftig, Oheim, das weiß ich nicht!

Oheim. Thut auch nichts. Ich fragte nur so. Eine Frau, welche Zeitungen liest, hat Anderes zu thun, als sich darum zu kümmern. Der Staat! Die Weltereignisse! Wer kann daneben an solche Kleinigkeiten denken?

Mathilde. Sie sind mein Mann, lieber Oheim. Ich sehe, Sie haben den rechten Begriff von meinem Geschlecht. Sie räumen ihm nicht allein den Strickstrumpf, den Küchenheerd und die Romanlektüre zur Beschäftigung ein, sondern Sie verleihen ihm mehr und Höheres, Sie geben ihm Sorgen um's Vaterland, das Recht einer Staatsbürgerin.

Oheim. Versteht sich! Mir ist nichts widerlicher, als ein Weib, deren Gedanken nicht weiter, als bis in den Speiseschrank oder höchstens bis auf den nächsten Fisch- oder Gemüsemarkt reichen! Welch eine Beschränktheit das! Welch eine Muschelnatur! Man sollte nicht glauben, daß es heut zu Tage noch solche Wesen geben könne.

Mathilde. Schlimm genug! Diese Aermsten lesen keine Zeitungen.

Oheim. Höchstens die Anzeigen, die Ausverkäufe, die öffentlichen Heirathsgesuche. Die Politik ist ihnen wie das Buch mit sieben Siegeln. Ueber ihrem eigenen Ausgabe- und Einnahme-Buche vergessen sie das Budget, über dem Geschwätz ihrer Köchinnen die Verhandlungen der Kammern, über dem Küchenzettel die ganze Landesverfassung.

Mathilde. Welch eine armselige Existenz!

Oheim. Nur ausgefüllt mit der Sorge um gebrauchte Wäsche, um Ausbesserung des Kinderzeugs und um ein wenig Liebe des Mannes.'

Mathilde. Lappalien! Man sollte nicht denken, daß sich das ertragen läßt. Ist es doch so erhebend, dem Laufe der Begebenheiten zu folgen, den großen Ideen der Zeit!

Oheim. Und vor Allem auch den Trägern derselben, von denen so viel geschrieben, gesagt und gesungen wird. Unwillkürlich träumt man sich zu ihnen hin. Man sieht sie von Tausenden gegrüßt, umringt und auf Händen getragen. Ihr Name wird einem vertraut und lieb. Es schlägt einem das Herz, wenn man den einen oder den andern davon nennen hört.

Mathilde. Ja, es muß etwas Großes darum sein, einem weltgeschichtlichen Manne anzugehören, die Frau eines Helden zu sein!

Oheim. Gewiß. Der Ruhm ist so schön, daß man schon immer zufrieden sein kann, auch wenn er einem untreu wird.

Mathilde. Wie meinen Sie das?

Oheim. Je nun! Es ist ja bekannt genug, daß die großen Geister nicht eben die besten Gatten sind. Denke an Ludwig den Vierzehnten und seine Maitressen, Napoleon verstieß Josephinen, Mirabeau gab alle seine Geliebten dem Elende und dem Tode Preis. Die Gemahlin Friedrich's des Großen hat ihren Fuß nie über die Schwelle von Sanssouci gesetzt, das der große Monarch nur mit seinen Hunden und Pferden theilte,

zwischen denen er bekanntlich auch begraben sein
wollte!

Mathilde. Die armen, verlassenen, zurückgesetz-
ten Frauen!

Oheim. Ja, sie mögen viele Thränen vergossen,
viele Schmerzen erlitten haben. Aber was thut das?
Sie führten einen glänzenden Namen, einen Namen,
der im Buche der Geschichte steht. Dafür konnten sie
schon Opfer bringen!

Mathilde (seufzend). Aber mit gebrochenem Herzen
gewiß!

Oheim. Abah! Eine Frau, welche die Zeitungen
liest, muß darüber hinaus sein. In kleinen, häuslichen
Verhältnissen mag man auf den Schlag hier (Auf die linke
Brust zeigend) noch etwas geben, aber oben in der freieren
Region des Geistes, auf den Höhepunkten der Zeit, da
achtet man nur auf den Wurf des Gedankens.

Mathilde. Freilich! Es mag so sein.

Oheim. Ueberhaupt, die stille Herzensliebe und
das laute Weltgetriebe, das giebt zwar, wie Sie hören,
einen Reim, aber durchaus keinen Sinn. Da paßt das
Eine auf das Andere, wie die Faust auf's Auge. Beides ist heterogen. Wer Liebe will, der muß heimlich
und im Verborgenen wohnen, der muß bei Rosen,
Thymian und Lavendel bleiben. Wer aber in die
Oeffentlichkeit, in das große Ganze tritt, der entschlage
sich des Herzens und seiner Träume.

Mathilde. Sie reden ja ganz poetisch!

Oheim. Das kommt, aufrichtig gesagt, wohl daher, daß ich Hunger habe. Meine Frage wegen des Mittags war vorhin nicht ganz ohne Grund.

Mathilde. So werden Sie bejeuniren müssen.

Oheim. Ja, wenn Sie mir etwas geben wollten.

Mathilde (klingelnd). Sogleich.

Oheim. Während deſſen laſſen Sie ſich von der Lektüre nicht abhalten, liebes Nichtchen.

Mathilde. Wenn Sie erlauben, beſter Oheim, beginne ich. Mir geht nichts über die Zeitungen. Alles andere iſt mir Nebenſache. Ich weiß nicht, was größeres Intereſſe für mich hätte.

Oheim (für ſich). Das wollen wir ſehen.

Mathilde. Hier iſt ein intereſſanter Leitartikel. „Ueber die alten und neuen Regierungsſyſteme." Der Autor ſcheint die Sache auf eine ſehr ſchlagende Weiſe in's Auge zu faſſen. Hören Sie — —

Oheim. Ja, wenn ich nur erſt das Frühſtück hätte!

Mathilde (klingelnd). Iſt unſere ganze Bedienung taub geworden? — — (Aus der Zeitung leſend.) „Nichts iſt widerſprechender," heißt es hier, „als die Prinzipien, aus denen die alten Regierungen entſprangen und die Lage, in welche die Geſellſchaft, die Civiliſation und der Handel die Menſchheit zu bringen im Stande ſind."

Oheim. Man kommt noch immer nicht!

Mathilde (ſehr wüthend klingelnd). Ich weiß nicht, wo unſere Leute bleiben!

Oheim. Den Johann habe ich fortgeſchickt.

Mathilde. Aber das Dienstmädchen ist ja noch da! (Klingelnd.) Wo steckt sie denn?

Oheim. Als eine Frau, welche die Zeitungen liest, müßten Sie das eigentlich wissen.

Mathilde. Sie spaßen.

Oheim. Gewiß nicht. Welcher Tag steht auf der heutigen Zeitungsnummer?

Mathilde. Sonnabend.

Oheim. Und auf der letzten Seite ganz unten, welche Anzeige?

Mathilde (ärgerlich). Wochenmarkt!

Oheim. Nun also. Ihre Henriette ist auf dem Markte.

Mathilde. So wird es sein. Bis sie wiederkommt, hören Sie weiter:
„Die Regierung nach dem alten System" — —

Oheim. Ich habe einen ganz erschrecklichen Appetit.

Mathilde (im Lesen fortfahrend, etwas heftig). „Nach dem alten System ist eine Anmaßung der Gewalt zu ihrer eigenen Vergrößerung . . ."

Oheim. Ich halte es nicht aus! So sehr ich eine Frau liebe, welche die Zeitungen liest, so sehe ich in diesem Augenblicke doch ein, daß eine gute Hausfrau auch nicht zu verachten ist. Ich gäbe wer weiß, was darum, wenn Sie mir jetzt eine Kleinigkeit zum Essen vorsetzen könnten!

Mathilde. Henriette muß ja den Augenblick kommen.

Oheim. Wissen Sie denn gar nichts zuzubereiten?

Mathilde (wüthend die Zeitungen auf den Tisch werfend und hinausgehend). Sie sollen sogleich befriedigt sein.

Oheim (für sich, sich die Hände reibend). Das geht gut! Ein wenig Aufregung schon jetzt ist durchaus für die nachherige Katastrophe von Nöthen. Schüren wir denn, daß die Flamme desto rascher zum Ausbruch kommt. (Setzt sich an den leeren Tisch. Mathilde kommt mit einem Tablett, auf dem Eßwaaren stehn, zurück.)

Oheim. Charmant, liebes Nichtchen, charmant. Nur hierher! Ich will meine Schatulle indeß auf die Erde stellen. (Er thuts.)

Mathilde. Da! Hier ist, was Sie wünschen. Ich habe Ihnen in der Eile alles selbst zurecht gemacht.

Oheim. Danke, liebes Nichtchen. Nun gehen Sie auch rasch wieder an das Lesen.

Mathilde (bei den Zeitungen). Der Aufsatz ist wirklich sehr geistreich geschrieben. „Die Regierung sollte etwas sein, was stets in voller Reife ist. Sie sollte derartig eingerichtet sein, daß sie über alle Zufälle, denen der einzelne Mensch unterworfen ist, erhaben wäre.“

Oheim (der sich während dem Alles zurecht gelegt hat auf dem Tische). Schön! Sehr schön! Aber Sie haben mir kein Messer und keine Gabel mitgebracht, liebes Nichtchen.

Mathilde (ärgerlich). So muß ich sie Ihnen holen. (Geht.)

Oheim (für sich). Gut, daß mein Hunger nur fingirt ist. Bei diesem Frühstücke würde ich sehr zu kurz kommen.

Mathilde (Messer und Gabel bringend). Hier das Gewünschte.

Oheim. Vergessen Sie die Zeitung nicht.

Mathilde. Wo standen wir? Richtig! Ich habe es. „Die Erfahrung hat zu allen Zeiten und an allen Orten bewiesen, daß es unmöglich ist, die Natur" — —

Oheim (etwas lauend). Apropos, Natur! Die Natur ist sehr schön und bis auf einen Kohlkopf zu bewundern. Allein die Civilisation und Kultur ist auch etwas werth. Besonders bei einem Salat, dem, wie diesem hier, Oel und Essig mangelt.

Mathilde (wüthend für sich). Welch ein Quälgeist. (Laut.) Ich will Ihnen beides holen!

Oheim. Lassen Sie nur. Ich begnüge mich. Aber sehen Sie in der Zeitung doch zuerst nach den Neuigkeiten. Ist der Hamburger Correspondent nicht mit Nachrichten aus Amerika da?

Mathilde. Gewiß. Er muß hier liegen. (Sie sucht in den Blättern und findet den Brief.) Was ist dies für ein Brief?

Oheim. Ich weiß nicht. Alfred wird ihn wohl aus Versehen haben liegen lassen. Ich fand ihn vorhin dort am Tisch beschäftigt.

Mathilde. Es ist seine Adresse, aber französisch. Was mag nur darinnen stehn? Er ist bereits erbrochen. Oheim, ist's erlaubt, daß ich ihn lese?

Oheim. Nein. Das Briefgeheimniß ist garantirt.

Kennen Sie die Verfassung nicht, liebe Staatsbürgerin?

Mathilde. Allerdings!

Oheim. Nun also!

Mathilde. Aber es giebt Fälle, wo selbst der freieste Staat, wo England sogar, gegen die Paragraphen seiner Charte handelt.

Oheim. Nur wenn man Verschwörungen entdeckt.

Mathilde. Kann es hier nicht auch eine geben? Ich weiß nicht. Dies Schreiben kommt mir verdächtig vor.

Oheim. Ein Geheimniß muß Alfred allerdings auch haben. Denken Sie sich, er hat mir den Auftrag gegeben, wenn ein Brief an ihn kommt, denselben vor Ihnen zu verbergen.

Mathilde. Nicht möglich!

Oheim. In der That. Aber was kümmert uns das? Das sind Allotria. Kommen wir auf die Zeitungen zurück.

Mathilde. Aber ich dächte doch, ich läse den Brief.

Oheim. Warum nicht gar! Wollen Sie sich mit dem Kleinkram des Lebens beschäftigen, wenn uns die großen Angelegenheiten des Staates rufen! Weg mit dem Billet! Eine Frau, welche die Zeitungen liest, muß zehn Briefe an ihren Mann liegen sehn können, ohne auch nur die geringste Notiz davon zu nehmen.

Mathilde. Aber wenn es ein Geheimniß gilt.

Oheim. Ach was, die Regierung wird's nicht betreffen. Ich bitte, lesen Sie die neuesten Nachrichten.

Mathilde. „Paris. Man will hier wieder einer Verschwörung auf die Spur gekommen sein."

Oheim. Will es denn nie ruhig werden in diesem
brodelnden Kessel Europa's?

Mathilde (hat den Brief in der Hand und betrachtet ihn mit
gespannter Aufmerksamkeit. Sie hat die Rede des Oheims überhört. Nach
einer kleinen Pause, in welcher dieser sie sehr triumphirend angesehen
hat, ruft er).

Oheim. Aber Mathilde, was machen Sie denn?

Mathilde (erschrocken den Brief aus der Hand auf den Tisch
fallen lassend, sehr zerstreut). Mein Gott — — ich lese. Die
Politik beschäftigt mich so!

Oheim. Nun also!

Mathilde (lesend). „Auf dem Briefe" — —

Oheim. Was?

Mathilde (sich verbessernd). „Auf der Börse hieß es,
die ganze iberische Halbinsel sei in Aufstand."

Oheim. Sie sind ganz confus. Wir standen ja
bei der Verschwörung.

Mathilde. So? Dann habe ich in Gedanken
die Seite verschlagen.

Oheim. Nun, so bleiben Sie nur bei Frankreich.

Mathilde (lesend). „Madrid. Wir erfreuen uns
hier der vollkommensten Ruhe."

Oheim. Aber, liebes Nichtchen, sind Sie denn rein
des Teufels! Paris, lasen Sie ja. Wie kommen Sie
denn auf einmal nach Spanien?

Mathilde. Ach, nun hab' ich's wieder. „Paris.
Man will einer weitverzweigten Verschwörung auf die

Spur gekommen sein. Es haben sich Briefe gefunden."
— — (Sich plötzlich unterbrechend.) Briefe! Briefe! Da haben wir's. Alles Unheil kommt von den Briefen!

Oheim. Weiter!

Mathilde. Ich kann nicht, Oheim, mir tanzen die Buchstaben vor den Augen.

Oheim. Hat die Verschwörung Sie so alterirt? Sie scheinen in der That nicht wohl, liebes Nichtchen.

Mathilde (sich, wie sehr krank und halb ohnmächtig in die Bergère zurücklegend). Nein, mir ist auf einmal so beklommen, so — — ich weiß nicht wie. Kein Glied kann ich rühren. (Den Brief, ohne daß es der Oheim merkt, zu sich steckend.) Geben Sie mir Zeit, mich etwas zu erholen.

Oheim (für sich). Ich errathe die Finte. Sie will allein sein, um den Brief zu lesen. Charmant. (Laut.) Gut, so will ich die Zeitung nehmen und indeß ein wenig in den Garten gehen.

Mathilde. Thun Sie das, lieber Oheim.

Oheim (aufstehend). Gute Besserung, armes Nichtchen. Sie sehen wirklich recht leidend aus!

Mathilde (leise). Nicht wahr?

Oheim. Ja wirklich. Regen Sie sich nur ja nicht auf. Vor allen Dingen denken Sie nicht an den Brief. (Der Oheim geht. Mathilde richtet sich halb auf. Als er umkehrt, wirft Sie sich gleich wieder hin.)

Oheim. Versprechen Sie es mir?

Mathilde. Gewiß.

Oheim (abgehend, sich die Hände reibend). Sie liest ihn aber doch.   (Ab.)

Vierter Auftritt.

Mathilde (allein).

(Springt, so wie der Oheim zur Thür hinaus ist, sehr lebhaft und rasch von ihrem Sitze in die Höhe.)

An diesen Brief soll ich nicht denken? Da müßte ich ja eine Thörin sein. Dieser Brief hat mich in eine Aufregung, in eine Spannung versetzt, die ohne Gleichen ist. Ich muß durchaus wissen, was darin enthalten! Etwas Gutes gewiß nicht. Alfred zeigt mir sonst alle seine Briefe. Warum nicht diesen? Warum in letzter Zeit überhaupt keinen mehr? Sollte er mir wirklich etwas zu verbergen haben? Sein Wesen war, wie ich wohl bemerkt habe, nicht mehr ganz das alte. Er war freier, heiterer sonst — — Wäre es möglich, daß er, während ich die Zeitungen lese — — Die Zeitungen? Warum ist er denn so geschäftig, mir immer neue zuzutragen? Sollte er mich dadurch von seinen Heimlichkeiten ablenken wollen? — — Nun, davon können wir uns ja überzeugen. Komm hervor, du geheimnißvolles Briefchen. Entdecke deinen Inhalt und wenn es nicht anders geht, entlarve den Verbrecher.

(Indem sie den Brief hervorzieht, kommt Alfred.)

Fünfter Auftritt.

Mathilde. Alfred.

Alfred. Guten Morgen, Mathilde.

Mathilde (für sich). Sehr ungelegen. (Laut.) Ich danke.

Alfred. Du scheinst nicht aufgelegt. Aber ich weiß, was Dir Freude macht. (Einige Zeitungsblätter hervorziehend.) Da! Hier hast Du die neuesten Nummern. Nun lächle aber auch.

Mathilde (ihm die Zeitungen aus der Hand schlagend). Warum nicht gar! Laß mich zufrieden damit.

Alfred. Was ist Dir denn? Haben Dich die Zeitungen verstimmt?

Mathilde. Die Zeitungen, immer die Zeitungen! Ach was! Ich las noch gar nicht.

Alfred. Was sonst?

Mathilde. Eine kleine Entdeckung, die ich machte.

Alfred. Und welche, wenn man fragen darf?

Mathilde. Daß Du nicht offen gegen mich bist.

Alfred. Wie so?

Mathilde. Du zeigst mir keine Briefe mehr. Weder die, welche Du schreibst, noch jene, die Du erhältst.

Alfred. Ich dachte, es würde Dich dies im Zeitungslesen stören.

Mathilde. Laß mich mit den Zeitungen zufrieden.

Alfred. Und dann meinte ich auch, meine Korrespondenz langweile Dich.

Mathilde. Was die in Geschäftssachen anbetrifft, o ja. Aber es giebt auch noch eine andere, eine geheime, eine verborgen gehaltene Korrespondenz, die würde mich ohne Zweifel sehr interessiren.

Alfred. Ich verstehe Dich nicht.

Mathilde. Nun denn, um klar zu sprechen: was sind das für Briefe, die ich nicht sehen soll?

Alfred (für sich). Da hat der Oheim nun doch geschwatzt.

Mathilde (ebenso). Er ist verlegen. O, nun ist die Sache so gut wie richtig!

Alfred (laut). Liebes Kind!

Mathilde (wüthend). Gesteh' es nur. Das Leugnen hilft Dir zu gar nichts. Ich habe Beweise in Händen.

Oheim (erscheint an der Thür, lauschend, sehr vergnügt, für sich). Nun geht der Betteltanz los.

Alfred (zu gleicher Zeit mit dem Oheim). Beweise? Was für Beweise?

Mathilde (den Brief zeigend). Da!

Oheim (für sich). Jetzt muß ich dazwischen treten, sonst kommt die Pastete zu früh auf den Tisch!

Alfred. Was bedeutet das?

Mathilde (heftig). Das bedeutet — —

Sechster Auftritt.

Alfred. Mathilde. Der Oheim.

Oheim (die Thür zuschlagend). Ach, ich bitte um Entschuldigung! Die Thür glitt mir aus der Hand. Nun, wie geht es, liebes Nichtchen?

Mathilde. Ich danke. Ich befinde mich besser.

11

Oheim (leise). Also haben Sie den Brief nicht angerührt?

Mathilde (ebenso). Nein. (Ihn verstedend.) Er muß dort noch liegen.

Oheim (ebenso). Brav! So handelt eine Frau, welche die Zeitungen liest. Da ist ein neuer.

Mathilde. Unerhört!

Oheim (ebenso). Ich will ihn ihm zustecken. Mag er sein Geheimniß behalten, der arme Narr. Eine Frau, welche die Zeitungen liest, hat sich um andere Dinge zu kümmern.

(Oheim will zu Alfred hinüber. Mathilde zieht und hält ihn am Rockschoß zurück.)

Mathilde (leise). Ich dächte doch — —

Oheim (ebenso). Nein. Es wäre Ihrer nicht würdig. Lassen Sie uns großartig handeln. Lassen Sie uns handeln wie Helden. (Auf Alfred zugehend, laut.) Alfred!

Alfred. Was giebt es? Haben Sie Geheimnisse mit Mathilden? Sie zischeln ja schon eine ganze Weile zusammen! Giebts eine Haupt= und Staats= Aktion?

Oheim. Das sollst Du sogleich erfahren. Du gabst mir vorhin den Auftrag, wenn ein Brief an Dich komme, denselben ohne Wissen Deiner Frau für Dich bei Seite zu bringen. Hier ist er.

Alfred (leise zum Oheim). Was thun Sie?

Oheim (ebenso). Was mein Plan erheischt. (Laut.) Wisse, daß Mathilde gar nicht begierig ist, den Inhalt dieses Schreibens zu wissen. Eine Frau, welche die Zeitungen liest, kümmert sich um dergleichen Sachen nicht. Nicht wahr, mein Nichtchen?

Mathilde (wüthend ein Zeitungsblatt, das sie vorher ergriffen, zusammenballend). Ja wohl! Ja wohl!

Oheim. Die befaßt sich nur mit den Angelegenheiten des Staates, mit der Politik. Ein Journal ist ihr heilig. (Mathilde zerreißt wüthend das Zeitungsblatt.) Was sind ihr Glück, Liebe und alle Briefe der Welt dagegen! Nichts! Nicht wahr, mein Nichtchen?

Mathilde (die sich vor Entrüstung nicht mehr zu fassen weiß, weinend). Nein, nichts, gar nichts macht sie sich daraus! (Sich zusammennehmend.) Ihr liegt nicht ihr eigenes, sondern das Heil des Volkes am Herzen. (Die Worte würgend.) Nur dies hat sie im Auge, nur dieses — — (Plötzlich die Geduld verlierend, sehr heftig.) Ich kann nicht mehr! Nun ist es mit meiner Verstellung zu Ende. Die Eifersucht bricht mir das Herz entzwei. (Auf Alfred zuschreitend.) Alfred! Was steht in dem Briefe? Gieb mir den Brief, Alfred!

Oheim (sich zwischen Mathilde und Alfred stürzend, zur Ersteren). Aber liebes Nichtchen, was thun Sie denn?

Mathilde. Was meine Pflicht, meine Ehre erheischt.

Oheim. Warum nicht gar! (Leise zu Alfred.) Verweigere den Brief. So erfordert es mein Plan.

Alfred (leise). Aber mein Gott!

Oheim (leise). Füge Dich, wenn Du Dein Weib geheilt sehen willst.

Mathilde. Alfred, den Brief, den Brief! Gestehe, bekenne mir Alles. Du bist mir ungetreu.

Oheim (sehr vergnügt). Bravo! Bravo! Das giebt eine herrliche Scene.

Alfred (bittend). Mathilde!

Oheim (leise zu Alfred). Zum Kuckuk mit Deiner Demuth! Sei heftig!

Mathilde. Rede! Ich kann das Schrecklichste hören.

Alfred. Aber mein Gott! — —

Oheim (leise zu Alfred). Zum Teufel! Junge, verdirb mir diesen herrlichen Auftritt nicht. Donnere gegen Mathilden! Mach Deinem Ingrimm Luft.

Mathilde. Bekennst Du Dich schuldig?

Alfred. Und wenn ich es thäte, Mathilde, wem von uns Beiden wäre der größere Vorwurf zu machen? Hast Du mich nicht in letzterer Zeit über alle Begriffe vernachlässigt? Hast Du für etwas Anderes Sinn und Auge, als für die Zeitungen gehabt?

Oheim. Bravo!

Mathilde. Was sollen diese Vorwürfe?

Alfred. Dir sagen, liebe Mathilde, daß, wenn durch Deine Kälte und Unaufmerksamkeit bis in das Tiefste verletzt, wirklich von meiner Seite eine Untreue oder Pflichtverletzung stattgefunden hätte, im Grunde genommen doch nur Du die Schuld daran tragen könntest.

Oheim. Entzückend! Grandioses Pathos! Styl der Tragödie!

Mathilde. Wozu diese Exclamationen? Gieb mir den Brief, so weiß ich, woran ich bin.

Alfred. Das geht in diesem Augenblick nicht an.

Mathilde. Was heißt das?

Alfred. Daß Du ihn später bekommen wirst. Jetzt laß mich.

Mathilde (schreiend). Alfred!

Alfred. In zehn Minuten bin ich zu Dienst.

(Geht ab.)

.

Siebenter Auftritt.

Mathilde. Oheim.

Oheim (für sich.) Vortrefflich!

Mathilde (in Verzweiflung an die Thür eilend). Alfred! Zeig mir den Brief! Alfred! Wie? Er hat sich eingeschlossen. Eingeschlossen, um mir den Brief nicht zu zeigen. (Sehr heftig.) Oheim! (Ihn in den Vordergrund ziehend, leise, leidenschaftlich.) Ich muß den Brief durchaus erhalten. Ich muß Gewißheit haben. Oheim! Alfred's Zimmer geht nach dem Garten, von dem aus eine Thüre zu ihm führt. Sie kennen sie. Gehen Sie von dort aus zu ihm. Bringen Sie mir den Brief. Um Alles in der Welt willen, den Brief!

Oheim. Ich begreife Sie nicht, liebes Nichtchen!

Mathilde (den Oheim zur Thüre drängend). Dazu ist auch jetzt gar keine Zeit. Gehen Sie nur! Machen Sie, daß ich den Brief erhalte!

Oheim. Aber ich möchte auf meine Ehre wetten, daß keine einzige Sylbe von Politik darin steht.

Mathilde. Ich auch! Aber das ist es ja eben. Wenn von Politik die Rede wäre, so machte ich mir nichts daraus. Aber es handelt sich um die Liebe meines Mannes.

Oheim (der schon zur Thür hinausgedrängt war, wieder hereintretend.) Ach, wenn's weiter nichts ist!

Mathilde (außer sich). Wenn's weiter nichts ist! Entsetzlicher Mensch, der Sie sind! Wissen Sie denn gar nichts von Herz, von Liebe, von Eifersucht?

Oheim. Nein, nur von Politik. Ich bin ein vollendeter Staatsmann.

Mathilde (ihm zu Füßen fallend). Ich bitte, ich beschwöre Sie, gehen Sie zu Alfred, bringen Sie mir den Brief!

Oheim (für sich. Vergnügt). Das ist eine göttliche Situation! Mein Lustspiel florirt. (Laut, sie aufhebend.) Nun gut, wenn Sie es durchaus wünschen, so sei es. Ich will mein Möglichstes versuchen. Fassen Sie sich nur. Der Staat steht sicher. Das Vaterland ist nicht in Gefahr. (Ab.)

Achter Auftritt.

Mathilde (allein).

Aber meine Ehe, das Glück meines Lebens, und das gilt mehr! Was kümmert mich der Staat, das

Vaterland, wenn es sich um das Herz meines Mannes
handelt! Ach Gott, sollte es denn wirklich wahr sein,
sollte er mich verlassen haben! Ach, hätte ich den Brief
nur schon! Aber halt! Was verlange ich nach dem!
Hier habe ich ja den, der vorhin auf dem Tische lag.
Der wird Beweis genug sein. Sehen wir zu! (Sie holt
ihn hervor, darin lesend.) Himmel! Was ist Das? Das
sind ja lauter Liebesschwüre, lauter Herzensversicherun-
gen! — — O, nun ist Alles am Tage! Nun ist Alles
entdeckt. (Sie sinkt in die Bergère.)

Neunter Auftritt.

Mathilde. Oheim (aus der Thüre, in die Alfred gegangen).

Oheim. Es war nichts zu machen. Das Zimmer
ist leer, Alfred fort!

Mathilde (weinend). Fort! Fort! O ja! Für immer, für ewig! Er hat mich verlassen. Der Brief hier
belegt seine Flucht.

Oheim. Um so besser. Lassen Sie den Störenfried. Sie können nun ganz den Zeitungen leben!

Mathilde. Ich bin die unglücklichste Frau auf
Erden!

Oheim. Warum nicht gar! Die Politik wird Sie
trösten. Sie geht Ihnen ja über Alles. Das Andere ist
Lappalie, sagten Sie. Erinnern Sie sich dessen. Nehmen wir die neuesten Nachrichten vor. Da liegen sie ja.
(Die Blätter aufhebend, die Alfred gebracht und Mathilde ihm aus der Hand

geſchlagen.) Sehen wir zu, was es giebt. (Leſend.) Rich=
tig! Da haben wir's! Der Papſt iſt wieder ſehr leidend.

Mathilde (immer in Gedanken mit Alfred beſchäftigt). Und
ich liebte ihn doch!

Oheim. Nicht möglich?

Mathilde. Ja, tief, innig, von Herzen liebte
ich ihn!

Oheim. Den Papſt?

Mathilde. Ach was! Meinen Mann?

Oheim. Ja ſo! (Wieder leſend.) „In Neapel ließ
man ein paar Briganti erſchießen."

Mathilde (immer in Beziehung auf Alfred). Welche
Grauſamkeit!

Oheim. Ich verſtehe Sie nicht!

Mathilde (wie vorher). Wenn er mich nur noch
einmal geſprochen hätte!

Oheim. Wo denken Sie hin, liebes Nichtchen!
Von Neapel bis hierher iſt ja kein Katzenſprung.

Mathilde. Er hätte anders gehandelt.

Oheim. Glaube ich ſchwerlich!

Mathilde. Von wem reden Sie denn?

Oheim. Vom Gouverneur von Neapel.

Mathilde. Aber von Alfred ſpreche ich ja!

Oheim. Von Alfred? Dummes Zeug! Verwir=
ren Sie mich doch nicht. Kommen Sie doch darüber
endlich hinweg. Eine Frau, welche die Zeitungen
lieſt — —

Mathilde (heftig). Nennen Sie mir die Zeitun=
gen nicht mehr! Ich will davon nichts mehr wiſſen.

Die Zeitungen sind schuld daran, daß ich Alfred verloren. Hätte mich nicht die thörichte Leidenschaft dafür erfaßt, so wäre noch Alles gut und Alfred mein. Nie will ich mich wieder mit Politik abgeben. Ich weiß ja doch nichts Rechtes davon und die Wenigsten wissen es, denn sie muß gelernt und studirt sein, wie eine Wissenschaft. Ach, hätte ich nur Alfred wieder, ich wollte ihm gerne dies demüthige Geständniß machen!

Zehnter Auftritt.

Mathilde. Der Oheim. Alfred (der schon während der letzten Reden in der Thür erschienen, zu ihren Füßen stürzend).

Oheim. Nun wird die Katastrophe kommen!

Alfred. Theure, liebe, süße Mathilde, er nimmt es mit Freuden auf.

Mathilde. Alfred! Bist Du nicht fort? Bist Du mir nicht untreu?

Alfred. Nein, mein Herz, ich liebe Dich noch immer, ich liebe Dich inniger, stärker denn je!

Mathilde. Aber der Brief vorhin?

Alfred. Enthielt mein Portrait, das ich habe machen lassen, um es Dir zu Deinem heutigen Geburtstage zu schenken. Da ist es!

Mathilde (es nehmend und küssend). O, mein Gott! Wie glücklich machst Du mich! (Plötzlich traurig.) Aber was hat es mit diesem anderen Briefe hier auf sich? (Zeigt ihn.)

Alfred. Ich kenne ihn nicht.

Mathilde. Du kennst ihn nicht?

Oheim (vortretend). Nein, er hat ihn nie gesehen. Dieser Brief gehört in die Sammlung hier, (das Packet hervorziehend) die ich den Auftrag habe, an Mademoiselle Delvil in der Residenz von Seiten Arthurs zurückzustellen. An ihn ist er gerichtet. Ich benützte ihn hier nur, um den Knoten meines Intriguenlustspiels zu schürzen, das unternommen ward, um Sie, liebes Nichtchen, von Ihrer Zeitungsmanie zu heilen, die Alfred unglücklich machte.

Mathilde. Ah, nun begreife ich Alles. Also waren alle diese Auftritte, die wir hier hatten, nach dem Plan und der Erfindung des Oheims?

Oheim. Freilich! Das ist ja meine Sache!

Mathilde. Ihre Ermunterungen für die Politik, für das Zeitungslesen waren Komödie?

Oheim (sich die Hände reibend). Freilich!

Mathilde. Ach, Sie beschämen mich tief! Aber sei es. Ich bin curirt. Man soll mich politisch nicht mehr radotiren hören, und wenn Sie mich wieder einmal fragen, was wir zu Mittag speisen werden, sollen Sie es ganz gewiß erfahren. Lieber, theurer Alfred, in Zukunft sollst Du ganz mit mir zufrieden sein. Ich gebe meine Leidenschaft für das Zeitungslesen auf. Ich will niemals mehr Veranlassung zu irgend einer Entzweiung oder Verstimmung geben. Ich schwöre es Dir.

Oheim. Halt da! Das leide ich nicht! Was sollte ich denn anfangen, wenn Ihr Euch immer ver-

tragen und niemals zanken wolltet? Das wäre ja entsetzlich! Da hätte ich ja gar nichts mehr zu thun. Ich
bitte Euch, wenn Ihr mich nur ein wenig lieb habt, so
macht dann und wann wieder einmal einen Scandal,
wie diesen hier. Das war ein niedlicher Anfang. Nur
fortgefahren, so bin ich oft Euer Gast. Ihr wißt, ich
kann ohne so etwas nicht bestehen. Die heutige Affaire
hat mir Humor auf wenigstens acht Tage gegeben.
Es lebe eine Frau, welche die Zeitungen liest!

Ein modernes Verhängniss.

Schwank in einem Act.

Personen.

Ein alter Herr.
Ein junger Herr.
Pauline, des alten Herrn Tochter.
Ein Kellner.

Die Handlung ereignet sich an einem kleinen deutschen Badeorte.

———————

(Schauplatz: ein eleganter Wirthshaussalon mit zwei Seiten- und einer Mittelthür; mit Tischen, Stühlen und einem Sopha. Auf einem Tisch das Fremdenbuch, Schreibzeug und brennende Lichter.)

Erster Auftritt.

Kellner (vor dem Fremdenbuche).

Was das wieder für eine Fremdenliste ist! F. A. Meyer, Kaufmann aus Lübeck; H. C. Mayer, Rentier aus Berlin; von Meyer, Gutsbesitzer aus Mecklenburg; Adolph Stockmeier, Conditor aus Barmen; S. Meierstein, Student aus Jena .... (Schlägt das Buch zu.) Meyer und kein Ende! Und unter allen diesen Meyern auch nicht ein einziger Kunst-Meyer. Kein Meyerbeer, keiner von der Legion Schauspieler dieses Namens, kein Zottmeyer, Wehmeyer, Pennmeyer; nur ganz gewöhnliche Meyer! Nein, da lobe ich mir den „Kronprinzen" in Hamburg. Da war es doch ein Vergnügen Kellner zu sein! Da bediente man die große Charlotte Birch-Pfeiffer, die berühmte Tänzerin Lucile Grahn, den Baßbuffokönig Formes und vor

12

Allen die entzückende Naturgrille Riekchen Goßmann mit ihrer ganzen Tafelrunde. Da war es doch ein ordentliches Vergnügen die Aufwartung zu machen! Kränze, Armbänder, Gedichte, Literaten, Leutenants, Küsse, Ohrfeigen, Champagner, Zeitungsblätter, zärtliche Briefe, abgeschnittene Locken, Stammbuchverse, Pistolenschüsse: das ging Alles lustig durcheinander. Man hatte alle Hände voll zu thun; man lief trepp auf trepp ab im Schweiße seines Angesichts; immer athemlos, immer in Hast und doch immer nicht schnell genug; aber man lief mit Vergnügen, mit innerer Genugthuung, denn man wußte: man lief für den Ruhm, für die Unsterblichkeit! Hier läuft man nur für die Meyer. Meyer hier, Meyer da! Meyer in allen Etagen, in allen Zimmern! So etwas ist niederschmetternd und trifft einen, mit dem großen Schiller zu sprechen, in seines Nichts durchbohrendem Gefühle. Nein, das muß ein Ende nehmen.

„Der nächste Neumond ende deine Furcht!"

(Will ab.)

Zweiter Auftritt.

Kellner. Alter Herr (aus einer Seitenthür).

Alter Herr. Heda, Kellner!

Kellner (umkehrend). „Mein Leben ist's, das meinen Namen ruft." (Mit einem achselzuckenden Blicke auf den Rufer —laut.) Sie befehlen — mein Herr?

Alter Herr. Ist meine Tochter noch nicht zurückgekehrt?

Kellner. „Es ist noch nicht die Stunde" —
(Rasch hinterher.) Nein, mein Herr; das Fräulein ist noch
nicht zurückgekehrt.

Alter Herr. Die Ausfahrt ist also wohl weiter
geworden, als man beabsichtigt hat. Aber da mein
Kind jedenfalls nicht allzulange mehr ausbleiben kann,
so will ich es hier erwarten.

Kellner. Nach Ihrem Belieben, mein Herr. „Hier
vollend' ich's. — Die Gelegenheit ist günstig."

Alter Herr. Was sagen Sie da?

Kellner. Ich? Bewahre, ich sage das nicht; das
sagt der große Tell. Tell mit dem Flitzbogen, wenn er
in der hohlen Gasse, die nach Küßnacht führt, Geßlers
Mord ausbrütet.

Alter Herr (kopfschüttelnd). Tell, Geßler, Mord! Sind
Sie übergeschnappt?

Kellner. Uebergeschnappt! Ich! Das hat man
davon, wenn man statt Künstler: Barbaren zu bedie-
nen hat. Ich, übergeschnappt? „Darf ich's der keu-
schen Sonne nennen und mich vernichtet nicht die
Scham? (Geht pathetisch ab.)

Dritter Auftritt.

Alter Herr (allein).

Bei dem armen Menschen scheint es im Oberstüb-
chen nicht vollkommen richtig zu sein. Er hat eine ganz

12*

kuriose Art einem Rede und Antwort zu stehen. Wenn
mir recht ist, läßt er sich sogar in Versen vernehmen.
(Kopfschüttelnd.) Vielleicht irgend ein verdorbenes Genie!...
Aber, was geht das mich an? Laß ihn thun und treiben, was er will. Habe ich doch am Ende genug mit
meiner eigenen Tochter zu thun. Weiß der Himmel,
was das Kind angefochten hat? Sonst war sie heiter
und vergnügt wie ein Rothkehlchen und plötzlich wird
sie mir ganz tiefsinnig, wortkarg und menschenscheu.
Sie, die sonst nicht Gesellschaften, Bälle und Theater-
vorstellungen genug bekommen konnte, will plötzlich
von dem Allen Nichts mehr hören, klagt über Langeweile, Ekel am Welttreiben und ruht nicht eher, als
bis ich ihrem Drängen nachgebe, Berlin verlasse und
hierher nach diesem Badeorte eile, damit kalter Sprudel
und der Genuß reiner, stiller Natur sie erquicke und
heile. Heile von was? Die Auszehrung hat sie nicht,
so viel ist gewiß. Lunge, Leber, Magen, Nieren, Alles
ist in guter Ordnung, wie der Arzt sagte. Nur das
Herz, meinte er lächelnd, das Herz sei wohl nicht ganz
im rechten Schick! Nun gut, was kann ihrem Herzen
denn fehlen? Was sehr Schlimmes dürfte es am Ende
doch nicht sein, sonst hätte der Arzt dabei nicht ge-
lächelt. Was also soll es sein? Natürlich doch wohl
nur die Liebe, die so vieler Mädchen Herzen in Verwir-
rung setzt. Welche aber könnte das Paulinens beun-
ruhigen? Pauline hatte nur Gelegenheit anständige,
honnette junge Männer zu sehen, Männer, die eine
gute Erziehung genossen und in behaglichen Verhält-

niſſen leben. Sie ſelbſt iſt brav, liebenswerth und reich — wenn alſo eine Zuneigung ſtattgefunden, wo liegt da ein trennendes Hinderniß? Ich mag her- und hindenken ſo viel ich will, ich bin nicht im Stande eine triftige Urſache zu Paulinens verändertem Weſen zu finden.

Vierter Auftritt.

Alter Herr. Kellner (Reiſetaſche und Mantel tragend).
Junger Herr.

Kellner. „Seid hoch willkommen unter meinem Dach!" Nur hier herein, mein Herr, nur hier herein. Ihre Zimmer ſollen ſogleich bereit ſein. Laſſen Sie es ſich einſtweilen hier gefallen.

Junger Herr. Gut, ich werde warten.

Kellner. Befehlen Sie inzwiſchen etwas? „Gebiete, Herr, wir harren Deines Winks."

Junger Herr. Vor der Hand Nichts als Ruhe und Schlaf.

Kellner. „Schlaf, Schlaf find' ich in Escurial!"

Junger Herr. Was murmeln Sie da?

Kellner. „Worte, Worte, Worte" Nichts von Bedeutung. Ruh und Schlaf kommen nicht auf die Rechnung. Herr, Herr . . . . dürfte ich nach Ihrem werthen Namen fragen?

Junger Herr. Laſſen Sie mir ſtille, abgelegene Zimmer anweiſen, wenn es irgend geht. Wenn ſie auch dunkel ſind und nach dem Hofe hinaus liegen, es

schadet nichts. Ich liebe das Dunkel und die Einsamkeit.

Kellner (für sich). Dunkel und Einsamkeit! Das
ist kein gewöhnlicher Reisender. Das ist'irgend ein
geheimnißvoller Unbekannter, ein' Trauerspieldichter,
ein diabolischer Virtuose à la Paganini oder zum Min-
desten ein Schwarzkünstler, jedenfalls (Verächtlich nach
dem alten Herrn hinüberschielend) kein Meyer, mit denen wir
so überaus reich gesegnet sind. Aber wer ist er? Wie
heißt er? Das muß ich nothwendig doch wissen. (Laut.)
Sehr wohl, mein Herr . . . Mein Herr, dürfte ich nach
Ihrem werthen Namen fragen?

Junger Herr. Wenn ich auf meinem Zimmer
bin, wünsche ich nicht gestört zu werden.

Kellner (für sich). Die Sache wird immer mysti-
scher. Hinter diesem Fremdling steckt etwas Besonde-
res. Auf dem Zimmer ungestört bleiben zu wollen,
verlangt kein gewöhnlicher Sterblicher. Das kann
nur ein Künstler verlangen. (Sich die Hände reibend — laut).
Ganz nach Belieben, mein Herr . . . . Mein Herr, wie
heißen Sie?

Junger Herr. Wenn ich irgend etwas wünsche,
werde ich klingeln. Ungerufen soll niemand zu mir
kommen.

Alter Herr (der den Fremden beobachtet hat, für sich). Was
ist denn das für ein Sonderling!

Kellner (für sich). Ungerufen soll niemand zu mir
kommen! Prächtig! Göttlich! Das ist ein Schauspie-

ler, der seine Rolle lernen will! (Laut.) Zu Befehl, mein Herr ... sobald ich nur weiß ...

Junger Herr. Noch eins, mein Lieber. Ich bin das Warten nicht gewohnt. Wird nicht auf der Stelle jeder meiner Wünsche erfüllt, so verlasse ich augenblicklich das Hôtel.

Kellner. Natürlich! „Stolz will ich den Spanier." Sehr wohl, mein Herr, sobald Sie mir nur gesagt haben werden.....

Junger Herr. Was, stehen Sie noch da? Sie wissen, was ich will. Beeilen Sie sich.

Kellner. Sobald Sie mir nur gesagt haben werden, wie Ihr werther Name ist....

Junger Herr (außer sich und zornig auf den Kellner zuschreitend). Name, Name! Ich will vom Namen nichts hören. Der ist des Todes, der nach meinem Namen fragt.

Kellner (zurückweichend). Ganz Mime! Jeder Zoll ein Mime! (Abeilend.) „O, Gott, das Leben ist doch schön!"

Fünfter Auftritt.

Alter Herr (auf der einen Seite der Bühne). Junger Herr (auf der andern).

Junger Herr. Endlich! Endlich!

Alter Herr (für sich). Das sind ein paar komische Heilige!

Junger Herr (setzt sich tiefaufseufzend nieder). Furchtbares Verhängniß, dem ich zum Opfer falle, wo ich nur hinkomme, gleich trittst du mir zähnefletschend in der unglückseligen Frage nach meinem Namen entgegen! Was ist ein Name? fragt Shakespeare's Julia in naiver Herzenseinfalt. Ach, ein Name ist viel. Ein Name kann das Fatum eines ganzen Lebens sein!

Alter Herr (für sich). Was hat der junge Mensch? Er scheint sich in verzweifelter Lage zu befinden. Hören wir, was es giebt. (Steht auf, geht zu dem jungen Herrn und legt ihm theilnehmend die Hand auf die Schulter). Mein Herr....

Junger Herr (sich das Gesicht mit den Händen bedeckend). Schon wieder Jemand, der nach meinem Namen fragt. O, Name, du Brandmal meiner Geburt!

Alter Herr. Was ist Ihnen, mein Herr? Ihr aufgeregter Zustand flößt mir Bedenken ein. Kann ich Ihnen rathen, kann ich Ihnen helfen!

Junger Herr. Sie sind sehr gütig. Nehmen Sie meinen aufrichtigen Dank, aber zugleich auch die Versicherung, daß bei mir jeder Rath, jede Hülfe vergeblich ist. Ich bin unrettbar verloren und dem Unglück geweiht. Weichen Sie zehn Schritt zurück von mir, mein Herr, denn ich bin ein vom Schicksal Gezeichneter.

Alter Herr (zurückprallend). Sie machen mir Angst, Unglücklicher. Was haben Sie denn?

Junger Herr. Lesen Sie das nicht auf meinem Antlitz? Steht es nicht auf meiner Stirn geschrieben? (Packt den alten Herrn an der Hand und reißt ihn in den Vordergrund). Betrachten Sie mich genau. Erblicken Sie kein flammendes Brandmaal auf meiner Stirn?

Alter Herr. Nichts, mein Herr, erblicke ich, Nichts. Ihre Stirn ist rein und klar.

Junger Herr. Ehrwürdiger Greis, Du verstehst Dich schlecht auf die Signatur des Fatums. O, hättest Du gelernt die Runenschrift des blinden Verhängnisses zu lesen, so wüßtest Du bereits —

Alter Herr. Aber um aller Welt Willen was?

Junger Herr. Mann des Mitleids „hör' an — erstarre — doch erwiedre Nichts —" ich heiße — — — Meyer!

Alter Herr (bricht in ein furchtbares Gelächter aus).

Junger Herr (betrachtet ihn einen Moment, geht dann zu ihm und schüttelt ihm die Hand). Ich danke Ihnen für diesen Beweis Ihrer Theilnahme. Lachen Sie, mein Herr, lachen Sie! Weiß ich doch, daß Sie in mir gewissermaßen nur das Schicksal auslachen, das sich das grausame Vergnügen machte, mich Meyer zu nennen. Im neunzehnten Jahrhundert zu leben und Meyer zu heißen, das ist der Uebel größtes, für welches Schiller irrthümlich in seiner „Braut von Messina" die Schuld erklärt hat. Was ist Schuld, ja was sind Schulden, gegen das Unglück Meyer zu heißen!

Alter Herr (immer lachend). Mein Herr! Mein Herr! . . . .

Junger Herr. Meyer zu heißen, heißt heut zu Tage so gut wie gar nicht heißen, heißt zum Fluch der Lächerlichkeit verdammt zu sein. Wer heißt nicht Meyer in dieser Zeit? Meyer ist kein Einzelname mehr, Meyer

ist ein Collectivname, der Name des halben Menschen=
geschlechts.

Alter Herr (immer lachend). Mein Herr! Mein Herr!

Junger Herr. O, lassen Sie mich endlich einmal
meiner Verzweiflung Luft machen. Lassen Sie ihn mich
ausknirschen, den ganzen Ingrimm meiner Seele. Die
Schöpfung hat sich allzusehr an mir versündigt, als
daß ich nicht das Recht haben sollte, ihr den Fehde=
handschuh in's Gesicht schleudern zu dürfen! Lohnte
es der Mühe mich zu schaffen, wenn ich Meyer heißen
sollte! Mit dieser Gestalt, diesem Ausdruck der Züge,
dieser glühenden Sehnsucht zu lieben und geliebt zu wer=
den — Meyer zu heißen — — Meyer! „Verdammte
sprechen in der Hölle dies Wort mit Beben aus!"

Alter Herr. Halten Sie ein! Sie gehen zu weit.
Sie lästern ja förmlich!

Junger Herr. „Verzeih mir, weise Vorsicht,
diese Lästerung." sagt Carlos. O, wenn Carlos Don
Meyer geheißen hätte, er würde die Vorsicht nicht weise
genannt und niemals um Verzeihung gebeten haben.
Meyer zu heißen ist unverzeihlich. O, wenn ich König!
wäre und ein Land regierte, so ließe ich alle Meyer
köpfen und den Namen bei Todesstrafe verbieten. In
einem naturgeschichtlichen Werke las ich neulich, daß
die Königin der Termiten achtzigtausend Eier in einem
Tage legt, und daß, wenn nicht alle Thier= und Men=
schengattungen vereint an der Vernichtung dieses In=
sektes arbeiteten, dasselbe bei seiner massenhaften Ver=
mehrung bald der Herr der Welt, ja, deren einziger

Bewohner sein würde. Wird der Ausdehnung der
Meyers nicht Einhalt gethan, so wird eines schönen
Tages das ganze Menschengeschlecht Meyer heißen!

Alter Herr (wieder lachend). Komischer Mensch, ist
denn . . . .

Junger Herr (rasch einfallend). Liebe ein Verbrechen?
Nein, Liebe nicht, wohl aber Meyer zu heißen. Wenn
am Ende aller Tage das letzte Gericht gehalten wird,
wird es heißen: Allen Sündern sei vergeben, nur den
Meyern nicht. Der Name Meyer ist lasterhaft! O, wie
glücklich sind die alten Phönizier, Griechen und Römer
gewesen! Haben sie doch noch keine Meyers gehabt.
Die Juden scheinen zur Zeit der Sündfluth auch noch
keine besessen zu haben, denn sonst wäre doch gewiß einer in der Arche Noä gewesen. Laßt heute eine zweite
Wasserfluth „herwogend alles Athmende verschlingen“
und nur drei lebende Wesen sich retten, so sind zwei
davon gewiß Meyers, der Eine Mayer mit a, der Andere Meyer mit e.

Alter Herr (etwas ärgerlich). Genug dieser Tollhei-
ten, junger Mann. Erzählen Sie mir endlich die wahre
Ursache Ihrer Verzweiflung, denn das Unglück Meyer
zu heißen, denke ich, läßt sich am Ende noch ertragen.

Junger Herr. Ich ertrug es ja auch, ich ertrug
es mit wahrem Heldenmuthe achtundzwanzig volle
Jahre. Aber jetzt, jetzt ist meine Kraft dahin und ich
erliege, denn wissen Sie es, mein Herr, wissen Sie es:
ich liebe!

Alter Herr. Nun? . . . .

Junger Herr. Nun? Das fragen Sie noch?
Sie, der Sie meinen Namen wissen! Ist Meyer ein
Name, der für die Liebe gemacht ist? Wie wunderselig
und hold klingt der Name Romeo aus dem Munde
Julia's: „O Romeo! Warum denn Romeo?" Nun
aber denken Sie sich die reizendste Julia von der Welt
schwärmerisch unter Aloes und Myrthen im Mondschein
seufzend: „O Meyer! Warum denn Meyer?" Das ist
eine Vorstellung, „die Stein erweichen und Menschen
rasend machen kann." Nein, nimmermehr; eine solche
Zumuthung darf man einer liebenden Mädchenseele
nicht stellen und darum: „Brich, mein Herz, o brich,
denn schweigen muß mein Mund. Nie darf mich liebend
je ein Weib beglücken. Mein Loos ist ungeliebt in's
Grab zu sinken."

Alter Herr. Ich verstehe von Ihrer ganzen
Geschichte kein Wort. Fangen Sie doch an ordentlich
wie jeder andere vernünftige Mensch zu reden.

Junger Herr. Nun denn also: ich bin der Sohn
des Bankiers E. K. Meyer in Berlin. Sein Reichthum,
sein Ansehen auf der Börse, das Haus, welches er aus=
macht, haben mir in der geselligen Welt der Hauptstadt
eine sehr angenehme Stellung verschafft. Ich kam in
die ersten Zirkel, hatte Pferde und Wagen, Diener, ei=
ne Loge im Theater, eine Mitgliedskarte zum Jockey=
klubb, kurz Alles, was ein junger Mann der Residenz
bedarf, um glücklich zu sein. Dennoch war ich es nicht,
denn ich hatte mit allen diesen Annehmlichkeiten zu=
gleich den Namen Meyer erhalten. Dieser Name ver=

bitterte mir jede Ministersoirée, jeden Gesandtenball, jedes Kammerherrendiner. Auf dem Sande der Renn- bahn wie auf dem Parquet der fürstlichen Palais ent- setzte er mein Ohr. Neben den Namen der Zastrow's, der Bülow's, der Pourtales, der Henkel's, der Arnim's, der Königsmark's erscholl mir der Name Meyer wie eine ewige Profanation. Meyer, Dreier, Geier, Schreier, das ist immer dieselbe Leier! O, Schultze oder Schmidt klingt neben dem Namen Meyer wie Lerchenwirbel und Nachtigallenschlag!

Alter Herr. Verfallen Sie schon wieder in Ihren Paroxismus?

Junger Herr. Nun, sagen Sie doch selbst, mein Herr, sind Sie im Stande mit dem Namen Meyer irgend- wie eine weltgeschichtliche Größe in Verbindung zu brin- gen? Denken Sie sich, daß Homer, daß Miltiades, daß Ancus Marcius, daß Tasso, Keppler, Wallenstein oder sonst eine historische Person Meyer heiße und alle Be- deutung ist fort. Können Sie sich Napoleon, können Sie sich Goethe oder Schiller unter dem Namen Meyer vorstellen, ohne dabei zu lächeln? Nein, das vermögen Sie nicht, mein Herr. Der Name Meyer ist für den Ruhm geradezu unmöglich. Obschon es Millionen Meyer giebt, ist doch noch kein einziger berühmt ge- worden. Kennen Sie einen gekrönten, einen mit Lor- beer bekränzten Meyer? Wo ist er? Wo haben Sie ihn? Heraus damit! Die ganze Erde hat nur einen und der Eine nennt sich — Beer! Tausend Mal rieth ich meinem Vater die Anfangs-Buchstaben seiner Vor-

namen E. K. seinem Familien-Namen hinten an zu
hängen und aus Meyer wenigstens Meyerek zu machen.
Aber leider stieß sich mein Erzeuger an diese Ecke seines
Namens und war zu der von mir vorgeschlagenen Aen-
derung nie zu bewegen. Ich, aus Gram darüber, be-
schloß meines Theils wenigstens nicht zur Vermehrung
der Meyer beizutragen und ledig zu bleiben. Da aber
lernte ich zu meinem Unglück kürzlich eine junge Dame
kennen, eine junge Dame, die zu sehen und zu lieben
Eines war. Nun erreichte mein Elend den Gipfel.
Lieben und Meyer heißen, was kann furchtbarer sein?

Alter Herr. Aber mein Gott, warum denn?

Junger Herr. Warum? Ein Weib, das man
liebt, für's Leben dazu verurtheilen sich Meyer, Madame
Meyer nennen zu lassen, welcher erleuchtete Mann
seines Jahrhunderts hätte den Muth dazu?

Alter Herr. Ach was, wenn die Frau nur den
Muth hat sich so nennen zu lassen!

Junger Herr. Dieser Muth ist undenkbar; den
kann nur die Verzweiflung eingeben.

Alter Herr. Narrethei! Die Liebe kann es auch.
Wagen Sie es darauf hin oder wenn nicht, warum
lassen Sie sich nicht von irgend wem adoptiren?

Junger Herr. Adoptiren! Wahrhaftig, dieser
Gedanke hat etwas für sich. Daran habe ich in meinem Jammer gar nicht gedacht. (Sieht den alten Herrn prä-
sent an, für sich.) Dieser alte, gesprächige Herr hat da
einen prächtigen Einfall gehabt. Er sieht brav und
ehrwürdig aus. Gewiß hat er einen guten, ehrlichen

Namen. Wie wäre es also, wenn ich ihn ersuchte.... (Geht an den alten Herrn heran.) Mein Herr, Sie haben mir so viel Wohlwollen, so viel freundliche Theilnahme ge= schenkt, daß ich, dadurch ermuthigt, komme, Sie auf Ihren mir gegebenen Rath hin zu bitten, diese Adop= tirung selbst zu übernehmen. Ich bin ein Mensch von Vermögen, von guter Erziehung und braver Gesin= nung, der Ihnen und Ihrem Namen keine Schande machen wird. Geben Sie mir also diesen Namen. Auf meinen Knieen beschwöre ich Sie — —

Alter Herr (lachend). Halten Sie ein, mein Herr. Das geht nicht. Ich heiße ja ebenfalls — Meyer!

Junger Herr (entsetzt und starr). Auch Du, mein Sohn Brutus! (Losbrechend.) Aber wie konnte ich, Thor, auch etwas Anderes erwarten? Wer heißt denn nicht Meyer heut zu Tage! Und wer nicht so heißt, der ist es. Die ganze Menschheit ist gemeiert. Warum will ich eine Ausnahme machen?

Alter Herr. Aber, närrischer Kauz, was trägt denn die Dame Ihres Herzens eigentlich für einen sublimen Namen?

Junger Herr. Das weiß ich nicht. Ich habe sie auf einem großen Balle zuerst gesehen und gesprochen, ohne ihr vorgestellt zu sein, was ich vermied, um sie durch meinen Namen nicht zu erschrecken. Später be= gegnete ich ihr in Gesellschaft mit Andern häufig im Theater, in der Kunstausstellung und den Museen. Ihre Lieblichkeit, ihre Anmuth und herzgewinnende Güte machten einen so unauslöschlichen Eindruck auf mich,

daß ich fühlte, wie ich in ihrer bezaubernden Nähe end=
lich doch mein Gelübde vergessen und der Versuchung:
mich ihr zu erklären, nicht würde widerstehen können.
Von Angst und Furcht: ihr dabei mit meinem Namen
lächerlich vorzukommen, getrieben, riß ich mich mit ver=
zweifelter Kraftanstrengung aus meiner und ihrer Um=
gebung los, um mich in Einsamkeit und Vergessenheit
zu vergraben. Seit Wochen irre ich in der Welt
umher, von meinem eigenen Namen wie ein Verbrecher
gehetzt. In keiner Stadt, in keinem Badeorte habe
ich Ruhe gefunden. Nun bin ich hierher geflüch=
tet, und wissen Sie warum? Nur weil ich hörte, daß
es hier noch große Forste gebe. Ich will mich in einem
Walde als Eremit ansiedeln, um wie Timon, der Men=
schenfeind, von Quellwasser und Wurzeln zu leben.
Zwischen Bären, Wölfen und Füchsen will ich hausen
und Buße thun, daß ich ein Meyer bin. Wenn Du es
wohl meinst mit der Welt, alter Mann, so folge mir
nach und thue desgleichen. O thäten es alle Meyer,
die Städte Europas würden vereinsamen und Gras auf
den Straßen wachsen!

Alter Herr. Narrenspossen und kein Ende!
(Für sich.) Ich glaube der Mensch ist übergeschnappt. Ich
bin doch nicht aus Versehen, statt in ein Hotel in ein
Irrenhaus gekommen? Fast scheint es so, denn dort
naht sich wahrhaftig der andere Verrückte wieder.

Sechster Auftritt.

Die Vorigen. Kellner.

Kellner (im Auftreten für sich). Wie der grausame Philipp, der einsam auf seinem Throne sitzt, so rufe auch ich: „Ich brauche Wahrheit." Ich muß endlich wissen, wer dieser geheimnißvolle Fremdling ist. (laut.) Mein Herr . . .

Junger Herr (barsch). . Was giebt's?

Kellner (etwas zurückprallend). Die Zimmer sind bereit, mein Herr.

Junger Herr. Nun gut, so lassen Sie mich dieselben beziehen.

Kellner. Sehr wohl, mein Herr. Es ist vorher nur noch eine Kleinigkeit in's Reine zu bringen. Unsere Polizei ist nämlich sehr streng in Bezug auf den Fremdenverkehr und darum sehe ich mich genöthigt, Sie um Ihre Paßkarte zu ersuchen, damit dieselbe der Behörde vorgelegt werden kann. Das Ganze ist eine bloße Förmlichkeit, allein sie will doch beobachtet sein, denn: „Das Auge des Gesetzes wacht."

Junger Herr. Meine Paßkarte ist eingepackt. Die Sache kann ja morgen erledigt werden.

Kellner. „Gestehet, Prinz, Ihr wollt in dieser Schlangenwindung mir entgehn!" Nun dann bitte ich nur Ihren Namen einstweilen gefälligst in das Fremdenbuch eintragen zu wollen.

Junger Herr. Auch das hat Zeit, wenigstens bis nachher.

Kellner (für sich). Er ist furchtbar hartnäckig. Aber eben das macht, daß meine Neugier immer höher steigt, und darum: „Frisch hinein und ohne Zagen." (Laut.) Keinesweges, mein Herr, hat das länger Zeit. Die Liste muß noch vor zehn Uhr Abends in die Druckerei des Fremdenblattes. Wenn Sie also so gefällig sein wollen — hier liegt das Buch — des Schicksals aufgeschlagen.

Junger Herr. Es ist mir unmöglich. Ich habe mich in den Finger geschnitten.

Kellner (für sich). Spiegelberg, so entkommst Du mir nicht! „Andere Leute haben sich nicht in den Finger geschnitten und können also schreiben," sagt die himmlische Goßmann in „Erziehungsresultate". Schreiben wir also. (Nimmt die Feder zur Hand.) Name?

Junger Herr. Name, Name, Name! Wird nichts Anderes verlangt?

Kellner. Stand und von woher.

Junger Herr. Gut, schreiben Sie, kommt von Berlin und ist Regierungsassessor.

Kellner (sehr enttäuscht). Assessor! Assessor! (Für sich.) Das ist des Pudels Kern! Assessor! Nichts von Kunst, gar nichts von Kunst! O Götter! (Laut.) Und heißen?

Junger Herr. Heinrich Oscar —

Kellner. Heinrich Oscar — Zuname?

Junger Herr. Zuname? Habe ich den nicht schon gesagt?

Kellner. Keine Spur von Zuname. „Carlos, Sie spielen falsch."

Junger Herr. Ich habe gar keinen Zunamen, wenigstens so gut wie keinen.

Kellner. Ich muß dennoch bitten.

Junger Herr. Nun denn in des Kuckuksnamen, ich heiße — Meyer!

Kellner (läßt erschreckt die Feder fallen). Meyer! — Meyer, kurzweg, nicht einmal Stegmeyer, Reitmeyer, Lohmeyer, nur Meyer?

Junger Herr. Nur Meyer! Heinrich Oscar Meyer schlecht weg! Sind Sie nun zufrieden?

Kellner. Ungeheuer, Herr Meuer! Sie sind nun der siebente dieses Namens auf unserer heutigen Liste.

Junger Herr (zu dem alten Herrn pathetisch). Der Sie-bente! Fühlst Du das, Mit-Meyer? Der Siebente, und da soll ich nicht in Verzweiflung gerathen? — O hinweg aus dieser Welt der Meyer's, hinweg, weit hin-weg in die Einsamkeit, dort in ewiger Zerknirschung mein Schicksal zu beweinen, das mich zum Meyer schuf! (Stürzt ab.)

Kellner (ihm langsam mit den vorhin gebrachten Effekten folgend). Ein Meyer, nichts als ein Meyer! „Und da-rum Räuber und Mörder!" (Ab.)

13*

Siebenter Auftritt.

Alter Herr (allein).

Mit diesen Menschen ist's entschieden im Kopf nicht
ganz richtig! Haben sich die Narren nicht um den Namen Meyer, als ob das größte Entsetzen der Welt in
ihm schlummerte. Mir gefällt der Name ganz gut.
Er ist ein guter, zutraulicher Name, ein Name, der keinem was zu leide thut. Was wollen sie denn von
ihm?

Achter Auftritt.

Alter Herr. Pauline.

Pauline (eintretend). Guten Abend, Vater!

Alter Herr. Ach, endlich! Wie lange seid Ihr
ausgeblieben?

Pauline (Hut und Mantille abthuend). Der Tag war so
schön, das Wetter so herrlich und die Welt ringsumher
so überaus zauberhaft anziehend, daß wir uns gar
nicht los zu reißen vermochten von der entzückenden
Landschaft, die sich vor unsern Blicken ausbreitete. Ach,
Vater, wie glücklich fühlte ich mich auf der Höhe am
Rhein und in der lauschigen Stille des Waldes!
Freundliche Bilder, holde Erinnerungen und Träume
umgaukelten mich und zu Zeiten, wenn ich auf dem
Strome ein Dampfschiff herauffahren sah oder im

Dickicht des Forstes sich etwas bewegte, war es mir immer, als ob .... (Sie stockt.)

Alter Herr. Als ob! .... Warum stockst Du, mein Kind?

Pauline (dem alten Herrn an den Hals stürzend, halb weinend). Ach, Vater, habe Geduld mit mir! Die Fahrt hat mich aufgeregt und wieder Wünsche in meinem Herzen lebendig werden lassen, die ich längst darin begraben wähnte!

Alter Herr (die Tochter an sich drückend). Was hast Du, meine Tochter? Sprich, laß mich Dein Geheimniß wissen. Seit lange bist Du nicht mehr die, die Du ehedem warst. Du hast an Heiterkeit, an Lebenslust, mit einem Wort, Du hast das Glück und den Frieden Deines Herzens verloren.

Pauline. Vater!

Alter Herr. Leugne es nicht! Es ist so, wie ich sage und schon seit geraumer Zeit habe ich mir vorgenommen, ein ernsthaftes Wort mit Dir zu reden. Nun, da Du aufgeregt und aus Deinem Trübsinn herausgeschüttelt, selbst zuerst das Schweigen brichst und mir auf halbem Wege entgegen kommst, nun laß mich die gute Gelegenheit wahrnehmen und den Kummer Deiner Seele erforschen. Pauline, einziges Kind einer glücklichen leider zu früh durch den Tod getrennten Ehe, was ist Dir? Sprich, theile mir mit, was Dich bedrückt. Schütte Deinen Kummer in den väterlichen Busen aus.

Pauline. Wie gut Du bist, lieber Vater! O, ich

weiß, wenn es in Deiner Macht stünde mir zu helfen, Du würdest es thun. Aber Du kannst es nicht, niemand kann es und darum — darum laß mich schweigen, mein Vater. Was nutzt es Dinge zu erörtern und zu besprechen, die nicht zu ändern sind? (In Thränen ausbrechend und ihrem Vater wieder um den Hals fallend.) Ach, Vater, er liebt mich nicht!

Alter Herr. Er liebt Dich nicht! Wer liebt Dich nicht? Wer könnte so grausam, so herzlos, so sinn- und gottverlassen sein, Dich nicht zu lieben?

Pauline. Er, — Er — den ich in Berlin bei der Räthin Dahlen traf und dessen Bild sich, unvergänglich mir in das Herz geprägt! O, Vater, welch' ein Mann ist er! So voll Geist, so voll guter Grundsätze und edler Herzensregungen und dabei angenehmen Wesens, freundlich, artig, ein wahres Muster für unsere gesammte junge Männerwelt. Zwar ein trübes Etwas, ein leichter Schatten von Schmerz oder Kummer schien über seinem Wesen und den Zügen seines Gesichts zu lagern, so daß man wohl entnehmen konnte, er sei nicht ganz glücklich. Nicht glücklich, er nicht glücklich! O, wie gerne hätte ich sein Leid mitgetragen oder am Liebsten es ganz aus seinem Leben hinweg genommen! Aber er, er, Vater, er hat sich kalt und stolz von mir abgewandt und und Nichts nach meiner Liebe und Theilnahme gefragt. Ich bin ihm zu unbedeutend, zu nichtssagend und kindisch gewesen. Gleichgültig ist er an mir vorüber gegangen und hat mich längst wohl vergessen. (Sie weint heftig.)

Alter Herr (sie mit Liebkosungen besänftigend). Dich ver=
gessen, mein Kind! O nimmermehr, oder er müßte
denn ein Blödsinniger, ein eitler Thor, ein Barbar
sein. Ein Mädchen wie Dich vergessen! O geh mir,
solche Vorzüge der Seele und des Geistes sind nicht
da, um vergessen zu werden. Oder höchstens von Einem,
der sich darauf nicht versteht und sie nicht zu würdigen
weiß!

Pauline. Eine kurze Zeit schien es mir, als ob
er sich mir zuneige. Ach, es war die glücklichste meines
Lebens! Unser öfteres Begegnen, sein freundlicher
Blick, die zuvorkommenden Worte, mit denen er mich
begrüßte, waren die Quellen ungeahnter Seligkeiten.
Ich schwelgte in Wonne, in unaussprechlichem Ent=
zücken. Ich lebte wie im Paradiese. Plötzlich aber —
plötzlich war Alles vorbei. Er hatte die Hauptstadt
verlassen. Niemand wußte warum. Kein Geschäft,
keine Pflicht gegen die Familie, kein Auftrag der Re=
gierung machten seine Abreise zur unabweisbaren
Nothwendigkeit. Er reiste zum Zeitvertreib, aus Ver=
änderungslust, aus Laune. Darum reiste er, darum
und darum ist es auch gewiß, daß er mich nicht liebt,
nie auch nur einen Augenblick lang geliebt hat!

Alter Herr. Das Ungeheuer von einem Men=
schen!

Pauline (wieder an des alten Herrn Brust sinkend). O, Va=
ter, wie unglücklich bin ich!

Alter Herr. Unglücklich! Unglücklich! Alle
Wetter, wer sagt, daß Du unglücklich bist! Mit einer

Viertelmillion im Vermögen und solch' süßem Gesicht-
chen, solch' lieben Augen, solch' reizendem Munde kann
ein Mädchen gar nicht unglücklich werden. Das ist
eine pure Unmöglichkeit, mein Kind, ein reiner Aber-
glauben, das sollst Du sehn. Er müßte ja geradezu
ein Narr, ein Verrückter sein, wenn er nicht mit allen
zehn Fingern zugriffe. Und gewiß, er wird, er muß
zugreifen; dafür laß mich sorgen. Dir zu Füßen muß
er und sollte ich ihn an den Haaren dahin ziehn. Apropos, er hat doch noch welche?

Pauline (beleidigt). Vater!

Alter Herr. Nun, nun! Nimm es nicht übel,
mein Herz, aber bei der männlichen Jugend von heute
wäre das grade keine große Seltenheit. — Indeß, um
von unserem Hauptthema nicht abzukommen, hast Du
nicht gehört, wohin sich Dein Charmanter gewendet hat?

Pauline. Es hieß: er sei in ein Bad gegangen.
Man sprach von Baden-Baden und Homburg.

Alter Herr. Warum hast Du Dir diese Bäder
denn nicht gleichfalls von Deinem Arzte verordnen
lassen?

Pauline. Sollte ich ihm nachlaufen?

Alter Herr. Laufen! Ahbah! Wofür giebt es
denn Eisenbahnen? Und wer weiß es denn, wenn
man's nicht sagt. In diese Bäder geht die halbe Welt.
Warum also nicht wir? Wir haben's Geld und die
Krankheit dazu. Warum sollten wir also nicht nach
Homburg und Baden-Baden wallfahrten? Abgemacht,

Kind, wir thun's und zwar morgen des Tages. Gleich
will ich Befehl zum Packen und zum Wecken geben.
Sei nur ruhig, sei nur guten Muthes, meine Tochter.
Ich verspreche Dir, daß Du ihn haben sollst.

Pauline. Du kennst ihn ja gar nicht.

Alter Herr. Thut nichts! Ich nehme ihn un-
besehen, ich kaufe die Katze im Sack.

Pauline. Und wird er sich kaufen lassen?

Alter Herr. Darnach wird er gar nicht gefragt.
Du weißt, Du bist mein liebes Püppchen, mein Augapfel, mein kleiner Verzug, dem ich Alles gebe, was
er wünscht. Du wünschest ihn', — folglich hast Du
ihn. Abgemacht, Sela!

Pauline. Aber, Vater, wenn er bereits eine
Andere liebte, wenn er versprochen, wenn er verlobt
wäre . . . .

Alter Herr. Das soll er sich unterstehen! Ich
massakrire ihn, wenn das der Fall ist! . . . .

Pauline. Aber, Vater, was in aller Welt soll ich
mit einem massakrirten Liebhaber anfangen?

Alter Herr. Dann wirst Du wenigstens die Ge-
nugthuung haben: ihn aus Liebe aufessen zu können.
Klein gehackt und mit Zwiebeln dazwischen soll ein
Amoroso ein vortreffliches Gabelfrühstück geben!

Pauline. Vater, mir blutet das Herz und Du
kannst scherzen!

Alter Herr. Mein Scherz beweiset Dir, wie
sicher ich meiner Sache bin! Hebe das Köpfchen in

die Höhe, blick auf mein Kind! Morgen reisen wir und in spätestens acht Tagen wird Verlobung sein.

Pauline (will sprechen).

Alter Herr (sie daran verhindernd). Stille, stille! In acht Tagen spätestens wird Verlobung sein, das verspreche ich Dir und Du weißt: ich pflege meine Versprechungen zu halten.

(Ab.)

Neunter Auftritt.

Pauline (allein).

Mein Vater hat immer guten Muth. Es ist ihm in der letzten Zeit so viel geglückt in der Welt, daß er meint: es gäbe Nichts, was ihm mißglücken könne. Ach, vielleicht erfährt er grade an dem, was ihm das Theuerste auf Erden, an dem Glücke seines eigenen Kindes, daß der Mensch nicht allmächtig ist.

(Man hat während der letzten Worte klingeln gehört.)

Zehnter Auftritt.

Pauline. Kellner.

Kellner. Haben das Fräulein geklingelt?

Pauline. Nein. Die Klingel scheint von jener Seite herzutönen. (Sie weiset nach der Seite, nach welcher der junge Herr abgegangen.)

Kellner. Ach so, nun dann eilt es nicht. Dieser Sohn der Wildniß und ungebildete Tektosage kann noch immer etwas auf sein Abendbrot warten. Kein

Künstler. Nur ein Meyer! „Du und mein Busen sind sich künftig fremd.“

(Man hört wieder und zwar etwas heftiger klingeln.)

Pauline. Da klingelt man schon wieder.

Kellner. O, bitte, Fräulein, beachten Sie das nicht. „Das Mettenglöcklein in der Waldkapelle klingt hell herüber aus dem Schwyzerland.“

Pauline. Was fabeln Sie da?

Kellner. Wie, mein Fräulein, fabeln nennen Sie das? Aus Schiller's unsterblichen Werken citiren — fabeln. „Verzeih' dem Freudetrunknen erhab'ne Vorsicht diese Lästerung!“

Pauline. Was bedeutet das?

Kellner. Was das bedeutet? Mein Fräulein, sind Sie nie im Theater gewesen? Haben Sie Emil, den großen Emil niemals als Carlos gesehen, wenn er die eine Hand so gegen den Himmel streckt und die andere schwermuthsvoll in den spanischen Fransenmantel wickelt: „Sire, geben Sie Gedankenfreiheit!“

Pauline (für sich). Ich glaube der Mensch ist von Sinnen! (Man hört heftiger läuten.) Man läutet schon wieder! Das ist . . . .

Kellner. „Das Horn von Uri.“ „O wären es die schwedischen Hörner.“

(Es klingelt noch heftiger.)

Pauline. Machen Sie, machen Sie! Man scheint dringend nach Ihnen zu verlangen.

Kellner. O, nicht doch, mein Fräulein, mit diesem Herrn eilt es nicht. „An einen Höheren bin ich gesendet." Dieser Herr — (Man hört eine Thür heftig zuschlagen.) „Horch! der Wilde tobt schon an der Mauer!" Wie es scheint, ist ihm der Geduldsfaden gerissen. Räumen wir also einstweilen das Feld. „Versuch' nicht, guter Jüngling, den Verzweifelnden!" (Ab.)

Pauline (ihm nachsehend). Fast hat er mir Angst gemacht! Ich glaube der Mensch ist toll!

Elfter Auftritt.

Pauline. Junger Herr.

Junger Herr (stürmisch eintretend). Ist die ganze Welt denn taub geworden! Seit einer halben Stunde schon klingle ich .... (Pauline erblickend.) Aber mein Himmel, was sehe ich!

Pauline (erbebend, für sich). O Gott, er, er hier!

Junger Herr. Sie, mein Fräulein! Welch' unverhofftes Glück!

Pauline. Glück! Machen Sie das jemand Anderm weiß! Dem Glücke pflegen sich die Sterblichen gewöhnlich nicht aus freiem Antriebe zu entziehen. Dem Glück entflieht man nicht, wie Sie das thaten.

Junger Herr. Und dennoch, mein Fräulein, wenn man vom Mißgeschick gezeichnet ist, wie ich, wenn man — —

Pauline. Wenn man? .... Warum stocken Sie? —

Junger Herr. Mein Fräulein, verkennen Sie

mich nicht. O, glauben Sie mir, nie ist mir ein weibliches Wesen theurer gewesen als Sie! Von dem Augenblicke an, in dem ich Sie zuerst sah, ist Ihr Bild nie wieder aus meinem Herzen gekommen. Wachend und träumend haben sich alle meine Gedanken nur mit Ihnen beschäftigt, mit Ihnen, mein Fräulein, deren Holdseligkeit und Herzensgüte den unauslöschlichsten Eindruck auf mich machten.

Pauline. Und mit diesem unauslöschlichen Eindrucke entwichen Sie aus meiner Nähe, plötzlich, unerwartet, ohne mich auch nur ein Sterbenswörtchen davon wissen zu lassen?

Junger Herr. O, mein Fräulein, diese Vorwürfe machen mich selig und elend zugleich! Hätte das Fatum nicht seine eherne Hand auf mich gelegt, wäre ich ein Mensch wie andere Menschen ....

Pauline. Aber, gütiger Himmel, was sind Sie denn?

Junger Herr. Um Gottes willen dringen Sie nicht in mich; forschen Sie nicht weiter, mein Fräulein. So lange ich Ihnen ein Unbekannter, ein Ungenannter bin, so lange werden Sie ein wenig Interesse, ein wenig Theilnahme für mich empfinden. Wenn ich mich Ihnen entdecke, Ihnen nenne .... O, so ist Alles vorbei, so wird jede Spur von Neigung aus Ihrem Herzen geschwunden sein!

Pauline. Sie entsetzen mich, Unglücklicher! Haben Sie einen Mord begangen?

Junger Herr. Ein Mord! Ach, wäre es nur

das! Auch Mörder sind schon geliebt worden. Allein ein ....

Pauline. Ein .... Ein .... Was wollen Sie sagen, mein Herr? O, reden Sie. Sie spannen mich auf die Folter!

Junger Herr. Was ist die Folter gegen den Pranger der Lächerlichkeit! Noch einmal, mein Fräulein, hören Sie auf zu drängen. Lassen Sie uns unbekannt bleiben, auf ewig scheiden! Wünschen Sie Alles, nur nicht meinen Namen zu erfahren. Mein Name ist ein Abgrund, ein Meer, das zwei Welten trennt!

Pauline. Nein, länger ertrage ich das nicht! Mein Herr, wenn Ihnen die Ruhe meines Lebens, wenn Ihnen der Friede meines Herzens lieb ist, so sagen Sie mir, wer Sie sind und wie Sie heißen?

Junger Herr. Mein Fräulein! Sie wissen nicht, was Sie fordern!

Pauline. Gleich viel, ich fordere es.

Junger Herr. Nun denn, so erfahren Sie ....

Pauline. Nun? ....

Junger Herr. Mir versagt das Wort, meine Zunge stockt. Es ist entsetzlich, mein Fräulein!

Pauline. Kein Zögern weiter. Reden Sie!

Junger Herr. O, sänke die Welt in's Chaos zurück! Mein Fräulein, (Niederknieend) ich heiße — Meyer! (Das Gesicht in die Hände schlagend.)

Pauline (ängstlich vorgebeugt stehend). Nun gut, und weiter?

Junger Herr (erstaunt aufblickend). Weiter! ....
Was verlangen Sie denn noch weiter! Ist Ihnen der
Name denn nicht schreckhaft genug! Finden Sie ihn
nicht fürchterlich!

Pauline. Warum nicht gar! Nenne ich mich
doch ebenfalls Meyer!

Junger Herr (aufspringend). Ihr himmlischen
Mächte! Darf ich meinen Ohren trauen? Sie heißen?

Pauline. Meyer, Pauline Meyer!

Junger Herr. Die Sinne vergehen mir! Die
Säulen der Erde wanken!

Pauline (besorgt). Was ist Ihnen?

Junger Herr. Theures, angebetetes Wesen,
so erfahren Sie denn, daß mich nur die Furcht: der
Name Meyer möge Ihnen odiös und widerwärtig
sein, aus Berlin und von Ihrer Seite trieb.

Pauline. Welche Thorheit das!

Junger Herr. Der Gedanke allein, daß dieser
triviale Name mich um Ihre Liebe bringen könne,
versetzte mich in Verzweiflung, machte mich Gott, der
Welt und meinem Schicksal zürnen.

Pauline. Ich begreife Sie nicht!

Junger Herr. Wer wohl vermöchte die Be-
fürchtungen eines liebenden Herzens zu begreifen! Ach,
Herz und Liebe gehören zu den unbegreifbarsten und
räthselhaftesten Dingen der Welt! (Wieder auf's Knie sinkend.) O, hätte ich gewußt, daß auch Engel Meyer
heißen können ...

Zwölfter Auftritt.

Die Vorigen. Alter Herr.

Alter Herr. Hallo! Was giebt's denn hier?

Pauline (ihm entgegen). Vater! Erräthst Du's nicht? Das ist ja er!

Junger Herr (für sich). Der alte Herr von vorhin, ihr Vater! Hör' ich recht!

Alter Herr. Wer? Doch nicht der räthselhaft Verschwundene, der herzlose Bösewicht, der Dir so viel Kummer verursachte!

Pauline. Derselbe, mein Vater, derselbe!

Alter Herr (lachend). Nicht möglich! Dieser Herr Meyer.... O, nun begreife ich Alles! Aber wie steht es nun um Ihr Fatum, Ihr grausames Geschick, Herr Meyer?

Junger Herr (Pauline mit sich zu des alten Herrn Füßen ziehend). Geben Sie uns Ihren Segen, Vater Meyer! Es wird weiter gemeiert!

Dreizehnter Auftritt.

Die Vorigen. Kellner.

Kellner (erscheint mit einem besetzten Theebrett in der Thür, indem er declamirt): „Das ist der Fluch der bösen That, daß sie fortzeugend Böses muß gebären."

Romeo auf dem Büreau.

Schwank in einem Act.

Personen.

Justizrath Ballmann.

Valentin Willert,
Theobald Halket, } seine Schreiber.
Thimotheus Faber,

Henriette, Willert's Verlobte, Schauspielerin.

Frau Bärwald, Stubenvermietherin.

Fanny, ihre Tochter.

Der Polizeimeister.

Ein Gerichtsdiener.

    Ort der Handlung: Eine große Stadt.

Die Scene stellt ein Büreau vor, in welchem sich rechts und links Schreibpulte und Repositorien befinden. Im Hintergrunde zwei Thüren.

Erster Auftritt.

Thimotheus Faber (allein).

Faber (an einem Pulte sitzend und schreibend). Der liebe Himmel weiß, wo meine beiden Collegen wieder bleiben. Es ist bereits neun Uhr vorbei und wenn der Alte —

Zweiter Auftritt.

Thimotheus Faber. Justizrath Ballmann.

Faber (leise, für sich, weiter sprechend). Wenn man den Wolf nur nennt, kommt er gerennt. Da hat ihn der Kuckuk schon!

Ballmann (sich umsehend). Noch allein, Faber? Wo bleiben denn Willert und Halket wieder? (Er zieht die Uhr hervor.) Es ist doch gewiß schon die Zeit, wo sie auf dem Büreau sein sollten. Wahrhaftig! Halb zehn vorüber. Wo stecken denn die Menschen?

Faber. Ich weiß nicht, Herr Justizrath. Sie sind sonst so pünktlich —

Ballmann. Sonst so pünktlich! Was für dummes Zeug schwatzen Sie da, Faber! Das ist in vierzehn Tagen das vierte Mal, daß ich zu dieser Stunde in das Büreau komme und Willert und Halket nicht finde. Was zum Teufel treiben die Leute denn? Willert wird wohl irgend eine wirkliche Abhaltung haben, denn das ist sonst ein praktischer, arbeitsamer Kopf. Aber Halket — Halket ist ein Träumer, ein Kopfhänger und Phantast. Ich glaube, die Schlafmütze verdämmert ihre Zeit in Nichtsthun und Faulheit. Man wird gut thun, ihm ein wenig aus dem Traume zu helfen. Schicken Sie mir die beiden Patrone doch einmal hinauf, wenn sie anlangen; ich will ein Wort im Vertrauen mit ihnen reden.

Faber. Sehr wohl, Herr Justizrath.

(Ballmann ab.)

Dritter Auftritt.

Faber (allein).

Faber. Diese Vertraulichkeiten kenne ich. Da rückt er sich erst die Cravatte und die Vatermörder zurecht, geht dreimal durch das Zimmer, räuspert sich und dann schießt er los: Herr, in des Teufels Namen,

wo bringen Sie Ihre Zeit hin? Denken Sie, daß ich
Sie für Faullenzen oder Herumvagiren salbire? Noch
ein Mal unterstehen Sie sich zu spät zu kommen,
und —

Vierter Auftritt.

Faber. Willert (mit einem blaugeschlagenen Auge und unter dem
Arme ein Bündel tragend).

Willert (im Hereintreten declamirend).

„Darf ich dem Schmeichelblick des Schlafes trau'n,
So deuten meine Träum' ein nahes Glück."

Faber. Geh nur die Treppe hinauf zum Alten,
da wirst Du's brühwarm genießen.

Willert (noch immer im alten Pathos, auf Faber zueilend
und seine Hand ergreifend).

„Ha, Neues von Verona! Sag', wie steht's?
Bringst Du vom Pater keine Briefe mit!
Was macht mein theures Weib? Wie lebt mein Vater?
Ist meine Julia wohl?"

Faber. Ach, laß die Narrenspossen!

Willert. Narrenspossen! Mensch, weißt Du,
was Du sagst? Shakespeare's Julia, Narrenspossen!

(Faber will sprechen. Willert hält ihm den Mund zu.)

„Sprich nicht zu mir, Du gehst mich nichts mehr an.
Du und mein Busen sind sich künftig fremd."

Faber. Nun habe ich es aber endlich satt. Willert! Willert! Bist Du verrückt geworden? Was
führst Du seit einiger Zeit für tolles Zeug im Munde!

Der Alte hat nach Dir gefragt. Du sollst zu ihm hinauf kommen. Er will ein Wort im Vertrauen mit Dir
reden. Im Vertrauen, verstehst Du?

Willert. „Wer bist Du, Teufel, der Du so mich
folterst?
Die grause Hölle nur brüllt solche Qual!"

Faber. Er ist außer sich, daß Ihr Beide, Halket
und Du, immer zu spät kommt. Er will wissen, was
Ihr treibt.

Willert. Was wir treiben? Das ist ganz einfach. Halket arbeitet für mich und ich — (Führt Faber bei
Seite:)

„Hört, Vetter, denn im Ernst, ich lieb' ein Weib."

Faber (sich losreißend). Der Teufel ist Dein Vetter
und seine Großmutter Deine Geliebte! Aus Deinen
Reden mag der Henker klug werden, aber nicht ich.
Noch einmal wiederhole ich Dir, der Alte erwartet
Dich und damit gut. (Er geht zu seinem Pulte und setzt sich.)

Willert (geht an ein anderes Pult und legt sein Bündel darauf). Gut, so laß ihn warten. Ist Halket noch nicht
hier gewesen?

Faber (mürrisch). Nein! Auch er soll hinauf, wenn
er kommt.

Willert. „Den Vortritt hat das Königreich!"
Ich will ihm den Vorrang nicht streitig machen. Er
verdient diese Auszeichnung um mich, der brave Mer-
cutio-Halket.

Faber. Mercutio Halket? Mercutio? Seit wann

heißt Halket denn Mercutio mit Vornamen? Er wird
ja immer Theobald gerufen.

Willert (wieder mit Pathos). „O Du — wie nenn'
ich Dich?" — Dintenkleckser! Aktenwurm! (Zieht ein
Buch aus der Tasche und hält es ihm hin.) Kennst Du das?

Faber (lesend). „Romeo und Julia. Trauerspiel
in 5 Akten von Shakespeare, übersetzt von A. W. von
Schlegel."

Willert. Begreifst Du?

Faber. Durchaus nicht.

Willert. O Du Rhinozeros von einem Aktu=
arius! Weißt Du, was ein Genie ist?

Faber. Natürlich! Genie — das ist, wo so was
Verrücktes dabei ist.

Willert (mit Pathos): „Du kannst von dem, was
Du nicht fühlst, nicht reden." (Mit gewöhnlicher Stimme.)
Uebrigens bist Du ein Schafskopf, Faber, und nicht
werth, daß ich mich mit Dir einlasse. Wenn Dich aber
wieder jemand fragt, was ein Genie ist . . . .

Faber. Nun?

Willert. So sage: daß eine Schreibmaschine,
wie Du, das nicht wissen könnte, aber (Sich in die Brust
werfend) daß Du einen Menschen, Namens Willert,
gekannt, der . . . .

Faber (lachend). Besagtes Genie gewesen!

Willert. „Wundert sich das Gehirnchen?" —
Nun ja! (Sich eine lächerlich imposante Stellung gebend.) Sieh
mich an, Faber. Merkst Du was?

Faber. Vielleicht, daß Du ein Narr bist!

Willert. Dickkopf! Sagt Dir dieser erhobene Arm, dieser vorgestreckte Fuß, dieses flammende Auge, kurz meine ganze edle Positur nicht, daß so nur ein zweiter Emil Devrient sich präsentiren kann?

Faber. Was? Du willst ein Schauspieler werden?

Willert. Ja, ein großer Künstler, ein außerordentlicher Menschen-Darsteller will ich werden. Schon seit Wochen studire und spiele ich unter Anleitung meiner Verlobten, einer reizenden Schauspielerin am Thaliatheater, erste Liebhaberrollen. Halket, dem ich mich vertraut habe, und welcher, weniger blind, wie Du, an die Erhabenheit meiner Begabung glaubt, hat sich bereit finden lassen, während ich auswendig lerne und probire, auf meinem Zimmer meine Akten zu absolviren. Der edle, opfermüthige Freund hat nun auch diese Nacht wieder gesessen und geschrieben, während ich den Romeo memorirte.

Faber. Und zum Dank dafür willst Du ihn nun zuerst zum Alten hinaufgehen lassen, damit er den ersten Sturm von dessen Zorn auf sich nehme. O Willert! Willert!

Willert (in Extase).

„Mein Leben ist's, das meinen Namen ruft!"

(Plötzlich nüchtern.)

Nein, nicht mein Leben, Du Thimotheus, mein böser Genius, bist's. Geh', Du verstehst die Seele eines Künstlers nicht. Du weißt nicht, daß ich mich von den Erbärmlichkeiten dieses Lebens frei zu erhalten und

also auch dem banalen Justizbeamtengrimme Ballmann's zu entziehen suchen muß, mich im Fluß und
Strom jener idealen Anschauungen zu behaupten, die
für die Darstellung eines Romeo so nöthig sind!

„Liebt' ich wohl je? Nein, schwör' es ab, Gesicht!"

Faber (ihn am Arm ergreifend und ihm in's Gesicht sehend). Was?
Das blaue Wunder da unter dem Auge? Da wirst Du
lange schwören können. Mensch, wie kommst Du denn
dazu?

Willert. Dies Wunder hat seine ganz natürliche
Ursache. Es kommen in diesem Romeo einige Volks-
aufläufe und Gefechte vor. Um nun meine Studien
nach dem Leben zu machen, hab' ich gestern auf dem
Heumarkt einen kleinen Skandal veranlaßt. Ich warf
einer Hökerin — Doch still, da höre ich Halket kommen.

Fünfter Auftritt.

Die Vorigen. Halket.

Willert (Halket pathetisch entgegenschreitend).

„Willkommen, Freund, sei herzlich mir gegrüßt."
Wie steht's mit dem Kaufcontract? Hast Du die
Punkte aufgesetzt?

Halket. Alle, wie sie die Ordnung bedingt.

Willert. Und die Klage auf Ehescheidung?

Halket. Wie sie notirt war.

Willert. Und die Testamentsverfügung?

Halket. Alles, Alles! Hier hast Du die ganze Bescheerung.

Willert. Theuerster Freund! Bravo, Mercutio, laß Dich umarmen. Ich will Deine Dienste nicht vergessen. Wenn ich die Staffel des Ruhmes erklommen und irgendwo königlicher Hofschauspieler mit fünftausend Thalern Gehalt, neun Monat Urlaub und achtzehn Thalern Spielhonorar bin, so will ich den letzten Groschen mit Dir theilen. Den letzten gewiß, das schwöre ich, bei Hekate, der Königin der Nacht, wenn auch vielleicht die vorhergehenden nicht, denn es ist leider Deine Gewohnheit, immer zu spät zu kommen. Aber vor der Hand harrt Deiner jetzt noch ein anderer Lohn. Der Alte erwartet Dich oben in seinem Zimmer. Er hat unser Zuspätkommen bemerkt und will uns die Leviten lesen.

„Nichts kann den Unstern dieses Tages wenden,
  Du hebst das Weh an, And're müssen's enden.“
Trag es in Geduld, Mercutio, und verrathe Deinen Romeo nicht. Es wird die Zeit kommen, wo er rufen wird:

„Am Leben! Siegreich! Und mein Freund erschlagen!
Nun flieh' gen Himmel, schonungsreiche Milde!
Entflammte Wuth, sei meine Führerin!“
(Sich stellend, als wenn er fechte und zuschlage.) „Dies entscheide!“

Halket. Gut, ich gehe. Auch fürchte ich die Zorneswonte des Alten weit weniger, als die Thränen meiner Fanny. Was wird Fanny sagen, daß ich nun

schon mehrere Tage nicht zu ihr gekommen bin und
gar außer dem Hause geschlafen habe.

Willert. Darüber sei ganz ruhig. Bei Fanny
und ihrer Mutter will ich schon Alles in Ordnung bringen. Ich werde sie aufsuchen und Deine Vertheidigung
mit so siegender Beredsamkeit übernehmen, daß sie Dir
neu und mehr als zuvor gewogen sein sollen. Geh'
nur jetzt und laß Dir den Donner von des Alten
Grimm nicht zu schwer auf die Seele fallen.

„Bekümmerniß hängt sich mit Lieb' an Dich,
Und mit dem Mißgeschick bist Du vermählt!"
Aber Du weißt: „Es kann ja nicht immer so bleiben,
hier unter dem wechselnden Mond." „Es werden andere Zeiten kommen," — Zeiten des Glücks. In diesen
will ich Deiner bestens gedenken.

„Ja, das kann Romeo, der Himmel nicht!
Nun edler Freund mit Gott, ...
„Und bei Philippi sehen wir uns wieder!"
(Drängt Hallet nach der Thüre. Hallet ab.)

Sechster Auftritt.

Faber. Willert.

Faber. Du bist ein wahrer Teufelskerl, Willert. Du
machst aus dem armen Hallet, was Du willst.

Willert. Das ist die Macht des Genies. Diese
Macht zwingt ihn, mein dienstbarer Geist, mein
Schatten und mehr, sogar mein Sündenbock zu sein.

Doch ich wollte Dir von meinem Skandal auf dem Heumarkt berichten. Höre zu, Thimotheus Faber, „ich will Dir eine Geschichte erzählen, wie man Präsident wird," nein, wie man im wahren Sinne des Wortes mit blauem Auge aus einer schlimmen Affaire kommt. (Er zieht eine Zeitung aus der Tasche und liest. Faber steht auf und tritt zu ihm.) „Theobald Halket, Schreiber bei Herrn Ballmann, einem achtungswerthen Rechtsanwalt unserer Stadt, wurde heute vor den Polizeimeister des zwölften Reviers geführt. Besagter Theobald Halket war mit einem sehr in die Augen fallenden blauen Auge behaftet und beschuldigt, krassen Unfug verübt zu haben. Wie es scheint, hatte sich der Angeschuldigte in trunkenem Zustande das Vergnügen gemacht, drei Hökerbuden böswilligerweise umzuwerfen und wurde von den Konstablern des Bezirks im Faustkampf mit mehreren Schornsteinfegern betroffen, die sich den Eigenthümerinnen der Buden zur Verfügung gestellt hatten."

Faber. Und das soll Halket gethan haben?

Willert. „Gott, seine Hand, vergoß sie Tybalts Blut?" Nein, der arme Junge denkt nicht dran. Er ist ganz unschuldig an der Sache. „Ich selber that, was ich nicht lassen konnte."

Faber. Aber wie in aller Welt kommt dann der Name Halkets in diesen Tagesbericht?

Willert. Nun sieh, das hängt ganz einfach so zusammen. Du weißt, der Polizeimeister unsers Stadtviertels ist einer von unseres Alten Klienten. Als ich so vor ihm stand und er mich mit strengem Gesichte

anfuhr: (Mit tiefer Stimme.) Wie heißen Sie? Da fing
meine Künstlerphantasie in meinem Kopfe zu arbeiten
an und ich war eben im Begriff, ein leises, beschämtes:
Meyer von meinen Lippen hauchen zu lassen, als er
plötzlich, wie wenn er meinen Kunstkniff mir von der
Stirne gelesen hätte, mir mit donnernder Stimme zu-
rief: (Wieder mit tiefer Stimme.) Ich kenne Dich, junger Ver-
brecher. Versuche nicht, Dich Müller, Schulze oder
Schmidt zu nennen. Denn Du bist einer von Herrn
Ballmann's Schreibern und die Schreiber des Herrn
Ballmann heißen Willert, Faber und Halket. Also
Halket, Faber oder Willert muß Dein Name sein.

Faber. Alle Wetter! Du kamst da in eine ver-
teufelte Lage!

Willert. Ja, guter Thimotheus. Ich war in
der That auch so verblüfft davon, daß ich mich beinahe
so weit vergessen hätte —

Faber (gespannt). Und —

Willert. Meinen eigenen Namen zu sagen.
Aber da brachte mich noch ein guter Genius in Gestalt
eines Zeitungsschreibers zur rechten Besinnung. Da
stand er, der bekannte Novitätenjäger, das verdammte
Notizbuch in der Hand, bereit, meinen Namen nieder-
zuschreiben, meinen Namen, der bestimmt ist, in den
Annalen der Kunst zu glänzen, und nun hier in den
Spalten der Chronik scandaleuse profanirt werden
sollte. Dieser Gedanke empörte mich. Ich raffte mich
auf und ohne mich weiter zu besinnen, sagte ich —

Faber. Um's Himmels willen, was?

Willert. Daß mein Name Theobald Halket sei.

Faber (aufathmend). Es ist mir nur lieb, daß Du nicht sagtest, mein Name ist Thimotheus Faber.

Willert. Nein, Thimotheus, Halket steht meinem Herzen näher. Sein Name erhielt daher den Vorzug. Aber beruhige Dich, der Deinige soll auch nicht vergessen werden. Bei nächster, ähnlicher Gelegenheit . . . . .

Faber. Danke bestens. Ich verzichte gern auf eine Auszeichnung dieser Art. Aber, wie ist Dir's weiter gegangen?

Willert. Nicht weiter, als bis zur nächsten Wache und in den Grund meiner Westentasche. Ich habe vier Thaler Strafe gezahlt und damit ist die Sache zunächst beendigt, bis auf die Stelle in dem Tagesbericht, die ich dem Alten entziehen muß. Gieb Acht, ich werde das Dintenfaß darüber gießen und wenn man fragt, sagen, Du habest es aus Versehen gethan.

Faber. Aber Willert!

Willert. Still! (Die Dinte über das Blatt gießend, pathetisch). „Nun wirf' es fort. Unheil, du bist im Zuge. Nimm, welchen Weg du willst! —" (Es klopft; mit ganz gewöhnlicher Stimme rasch darauf:) Herein!

Siebenter Auftritt.

Willert. Faber. Fanny (mit verweintem Gesicht).
Frau Bärwald.

Frau Bärwald (im Eintreten). Verzeihen Sie, meine Herren, sind wir hier recht bei dem Herrn Justizrath Ballmann?

Willert (sich in die Brust werfend und sich ein Air gebend). Zu dienen, meine Damen. Was wünschen Sie?

Frau Bärwald. Wir möchten gern den Herrn Justizrath sprechen.

Faber. Ich will ihm sogleich Ihre Ankunft melden. (Will ab.)

Willert. Halt da! Thimotheus, was fällt Ihnen ein? Der Herr Justizrath ist für Niemanden in diesem Moment zu sprechen.

Faber. I nicht doch! Er hat mir davon nichts gesagt.

Willert (mit verstellter Amtswürde). So etwas, merken Sie sich das, mein lieber Thimotheus, wird auch niemals dem jüngsten Hülfsarbeiter, sondern stets nur dem ersten Büreaubeamten mitgetheilt, (Zu den Damen) den ich Ihnen in meiner Person vorzustellen die Ehre habe.

Faber. Aber um Alles in der Welt —

Willert (wie oben). Still! Jüngster Hülfsarbeiter! (Ihn zu sich ziehend, leise im alten Tone.) Sei doch vernünftig, Faber. Das giebt ja ein allerliebstes Abenteuer. (Zu den Damen, wieder mit verstellter Amtswürde, während Faber ver-

15

blüfft zufieht.) Wie gesagt, meine Damen, der Herr Justizrath ist in diesem Momente durch wichtige Geschäfte
abgehalten, Sie zu empfangen. Aber dafür stehe ich
zu Ihrer Disposition, ich, der erste Büreaubeamte, so
zu sagen, die rechte Hand des Herrn Justizraths. Was
steht zu Ihren Diensten, meine Damen?

(Während Frau Bärwald und Fanny sich leise zu berathen scheinen.)

Faber (zu Willert). Aber Willert —

Willert (in gewöhnlichem Tone). Sei doch kein Grütz-
kopf, Faber. Das giebt ja eine allerliebste Scene. Und
sieh nur, wie artig die Kleine ist.

Frau Bärwald. Mein Herr —

Willert (wieder ganz gravitätisch). Madame —

Frau Bärwald. Ich bin Frau Bärwald und dies
ist meine Tochter Fanny.

Fanny (die von Anfang an verlegen und schüchtern war, die Augen nicht aufschlug, verbirgt sich und lispelt halbweinend). Ja, mein
Herr, ich bin Fanny.

Willert. Also Sie sind Fanny. Nun gut, meine
liebe Fanny, was wollen Sie?

Fanny. Ich möchte — ich wünschte — (Weinend.)
Ich kann nicht, mein Herr.

Willert. Sein Sie nicht ängstlich, liebes Kind,
haben Sie Vertrauen zu mir. Sie sehen, ich bin ein
ernster, gesetzter Mann, ein Mann von Grundsätzen,
ein Mann, (Indem er ihr unter das Kinn faßt) mit dem sich
ein Wort reden läßt — —

Frau Bärwald (dazwischen tretend). Entschuldigen
Sie, mein Herr, meine Tochter ist noch gar zu schüch-

tern. Erlauben Sie, daß ich für sie rede. Wir kommen wegen Theobald Halket —

Willert. Ah! Wegen Halket! Nun gut, was
giebt es mit dem?

Frau Bärwald. Sie kennen ihn? Nicht wahr?
Er ist auch hier auf dem Büreau?

Willert. Ja wohl, er ist unser Schreiber, dieser
kleine Halket.

Frau Bärwald. Nun wohl, dieser Halket, mein
Herr, wohnt bei mir zur Miethe und hat sich in meine
Tochter Fanny verliebt. Nicht wahr, Fanny, er hat
sich in Dich verliebt?

Fanny (die wieder etwas ruhig geworden, auf's Neue in Thränen ausbrechend). Ach ja, Mama.

Willert. Sieh! Sieh! Also unser kleiner Halket
hat sich verliebt! Und Sie, meine kleine Fanny, haben
Sie sich denn auch in ihn verliebt?

Fanny (immer weinend). Ach ja, Ma' — Ach ja,
mein Herr.

Willert. Daran haben Sie nicht ganz recht gethan, mein liebes Kind. Halket ist nur noch Supernu-
merarius, d. h. er bezieht noch kein festes Einkommen,
wie unser Einer, der wohl im Stande wäre, eine junge
Frau zu ernähren. Halket vermag das noch nicht und
ich hoffe, er hat Ihnen keine Versprechungen gemacht.

Fanny (immer mit dem Tuche vor den Augen). Doch, doch!
Die heiligsten, die man geben kann.

Willert. Welch' ein unverantwortlicher Leicht-
sinn von diesem jungen Menschen!

15*

Frau Bärwald. Ach und das ist das Schlimmste noch nicht, mein Herr. Denken Sie sich, seit einiger Zeit ist er wie ausgewechselt. Keine Nacht kommt er seit acht Tagen vor Morgen zu Hause, ja, die letzte Nacht ist er gar nicht nach Hause gekommen.

Willert. Gar nicht nach Hause gekommen! Welch' eine Sittenverderbtheit! O diese heutige Jugend!

Faber (leise zu Willert). Aber was machst Du denn? Du weißt ja, warum Halket die letzte Zeit so spät und vergangene Nacht gar nicht nach Hause gekommen? Er hat ja für Dich gearbeitet. Soll das nun sein Lohn sein?

Willert (laut, ihn gravitätisch abwehrend). Sie suchen den jungen Sausewind umsonst zu vertheidigen, mein guter Thimotheus. So was ist unverzeihlich und durchaus nicht in Schutz zu nehmen.

Faber (dem die Geduld reißt). Aber Willert!

Willert (donnernd). Still da! Vergessen Sie nicht, daß ich Ihr Vorgesetzter bin.

Faber (außer sich). Nun wahrhaftig —

Willert (wie vorher). Still, sage ich. Vergessen Sie sich nicht! Sie sind auch so ein Patron, wie dieser Halket, denn sonst würden Sie ihn nicht zu vertheidigen suchen, wo er gar nicht zu vertheidigen ist. Was? Ist es nicht schändlich, erst ein hübsches Kind in sich verliebt zu machen, ihm in's Blaue hinein die Ehe zu versprechen und dann die Nächte außer dem Hause, wer weiß in was für Gesellschaft, zuzubringen!

Fanny (an die Brust ihrer Mutter sinkend). O, wie unglücklich bin ich, Mama!

Frau Bärwald. Faß Dich, mein Kind! Vergiß ihn!
(Während dessen.)

Faber (leise zu Willert). Aber Mensch, was machst
Du denn da?

Willert (ebenso). Kameel! Und das hast Du nicht
gemerkt? Ich übe mein Talent. Ich spiele Komödie.
(Laut zu Fanny.) Ja, meine liebe Fanny, vergessen Sie
den Undankbaren, geben Sie ihm den Laufpaß. Es
giebt andere gesetztere Männer, Männer mit guten
Grundsätzen und reichlichem Auskommen. (Zu Frau Bärwald.) Darf ich mir die Freiheit nehmen, Sie zu besuchen! Wo wohnen Sie, Madame?

Frau Bärwald. Katharinenstraße Nr. 10, mein
Herr, wenn Sie uns die Ehre erweisen wollen.

Willert (für sich). Ich höre oben die Thüre gehen.
Sie müssen fort. (Laut.) Nun dann, auf Wiedersehen,
Madame; auf Wiedersehen, meine liebe Fanny. Weinen Sie nicht, Ihre Thränen sollen getrocknet werden.
Geben Sie zunächst nur diesen leichtfertigen Halket
auf. (Zu Frau Bärwald.) Kündigen Sie ihm seine Woh=
nung auf; weisen Sie ihm die Thür. Der Taugenichts
verdient es nicht anders. Und nun adieu! Jetzt rufen
mich wichtige Geschäfte. Leben Sie wohl, Madame;
leben Sie wohl, meine kleine Fanny.

Frau Bärwald. Auf das Vergnügen, Sie wieder
zu sehen.

Fanny (sich verbeugend und immer weinend). Adieu, mein
Herr. (Beide ab.)

Achter Auftritt.

Willert. Faber.

Willert (der die Damen mit steifem Anstande an der Thüre entlassen, als sie diese hinter sich geschlossen, lachend in die Hände klatschend). Hahaha! Habe ich meine Rolle nicht köstlich gespielt? Bin ich nicht ein braver Schauspieler, Faber?

Faber. Aber, mein Gott, Willert, ich begreife gar nicht —

Willert. Still! Es kommt Jemand.

Faber. Mensch, Du hast den Satan im Leibe.

Willert. Das muß, wie schon Voltaire sagte, auch durchaus bei jedem Genie der Fall sein.

Neunter Auftritt.

Vorige. Halket.

Halket. Meine Bescheerung hab' ich weg, Willert. Nun kommt die Reihe an Dich. Halt' Dich brav; der Alte ist fuchsmäßig wild.

Willert. Immerhin; es thut nichts. Ich will schon mit ihm fertig werden.

Zehnter Auftritt.

Vorige. Ballmann.

Willert (der seine Arbeiten genommen und Ballmann entgegentritt). Ah, schönen guten Morgen, Herr Justizrath. Ich wollte Ihnen eben meine Arbeiten bringen. Wie haben Sie geschlafen, Herr Justizrath? Gut ohne Zweifel, Ihrem frischen und gesunden Aussehen nach zu schließen. Und warum auch nicht? Wer, wie Sie, Herr Justizrath, ein gutes Gewissen und das ruhige Bewußtsein hat, stets nur das Rechte gewollt und gethan zu haben —

Ballmann. Ich danke Ihnen, Willert. Ich kann nicht klagen. (Für sich.) Der Bursche hat wirklich eine gute Art, sich auszudrücken und ein freundliches Wesen, dem man nicht gram sein kann. (Laut.) Sie sind heut' sehr spät gekommen, Willert?

Willert. Ja, ganz gegen meine sonstige Gewohnheit, Herr Justizrath.

Faber (für sich). Lüge Du und der Teufel!

Willert. Faber bezeugt's durch ein beistimmendes Brummen. Ja, Willert ist sonst immer der Erste, wollte er sagen, aber er fürchtet, meine Bescheidenheit zu verletzen.

Ballmann. Aber warum kamen Sie denn heut' so spät?

Willert. Aus einem ganz außerordentlichen, besonderen Grunde, Herr Justizrath, aus einem Grunde —

Ballmann. Nun, aus welchem denn?

Willert (für sich). Ja, das ist eine Frage, die ich mir eben auch selber mache. —

Halket (leise). Was wird er jetzt nur vorbringen?

Ballmann. Also?

Willert (mit pathetischem Aufschwung). Ich weiß, Herr Justizrath, die Sache der Menschlichkeit ist stark genug —

Ballmann. Die Sache der Menschlichkeit? Was hat die hier zu schaffen?

Willert (für sich). Das weiß ich freilich selbst noch nicht recht. Aber es wird sich schon finden. (Laut.) Ich wohne, wie Ihnen ohne Zweifel bekannt ist, Herr Justizrath, in der Vorstadt.

Ballmann. Allerdings, das weiß ich.

Willert. Nun gut. Von dieser Vorstadt führt die Albrechtsstraße zum Thor, wo man die lange Brücke passiren muß, um in die Neustadt zu gelangen.

Ballmann. Ganz recht. Aber wozu das Alles?

Willert. Wozu? Sie werden gleich hören wozu, Herr Justizrath.

Ballmann. Nun, da bin ich doch neugierig ——

Willert (für sich). Ich wahrhaftig auch. (Laut.) Merken Sie noch nichts?

Ballmann. Nein, nicht die Spur.

Willert (für sich). Weiß der Teufel, ich auch nicht. (Laut.) Nun gut — (Nachdenkend.) Wo war ich stehen geblieben? Ja richtig, an der Brücke. Wie ich nun an

233

diese Brücke komme, an diese Brücke — (Immer simulirend, plötzlich auf einen Gedanken kommend und sich vergessend.) Halt! Ich hab's! Ich hab's!

Ballmann. Mein Gott, was haben Sie denn?

Willert. Das Kind, Herr Justizrath, das Kind!

Ballmann. Was für ein Kind? Es war ja noch von gar keinem Kinde die Rede.

Willert. Verzeihung, Herr Justizrath, meine lebhafte Phantasie, die Schrecklichkeit der Situation riß mich hin. Ich habe die Exposition des Dramas über der eigentlichen Catastrophe vergessen. Nun also hören Sie. Auf besagter Brücke angekommen, vernehme ich plötzlich einen Ohr und Herz zerreißenden Hülferuf.

Faber (für sich). Was, zum Teufel, kommt denn jetzt?

Willert. Ich laufe hinzu, sehe über das Geländer — und — o Himmel! — was erblicken meine Augen —

Ballmann (gespannt). Nun?

Willert. Fortgerissen von den Fluthen, erfaßt vom Strudel der Wellen, hingerissen von den tückisch sich kräuselnden Wogen — was? Ein holdes, süßes, zartes Kind, ein Mädchen von fünf Jahren, mit Namen Juliette, evangelischer Confession, artig, fleißig in der Schule, Meisterin im Clavier, die Freude ihrer Eltern, der Stolz ihrer Lehrer, kurz ein wahres Wunderkind! —

Ballmann. Was? Und das sahen Sie dem Kinde Alles an der Nase an, als es so im Wasser dahinschwamm?

Willert (aus seiner Ekstase zu sich kommend). Nein, nicht
so unmittelbar. Das hab' ich erst später erfahren.
Im Augenblick sah ich nur die Noth, die Gefahr des
Kindes. Keine Minute war zu verlieren, sollte es gerettet werden.

Faber (ironisch). O Gott, wie rührend!

Willert. Was also war zu thun? Ich frage Sie,
Herr Justizrath, als einen Mann von Herz, von Ehre,
von Gefühl, wenn ich vor meinen Augen ein menschliches Wesen, ein unschuldiges Kind gleich mir, mit
dem unvermeidlichen, schrecklichen Tode in den Wellen
ringen seh, ist da Zeit an's Geschäft zu denken?

Vallmann (ergriffen). Nein, nein, lieber Willert,
gewiß nicht.

Willert (ihm die Hand schüttelnd). O, ich kenne Sie,
Herr Justizrath; Sie sind ein Mann von Gemüth. Sie
würden an meiner Stelle gethan haben, was ich that.
Sie würden, wie ich, in den Strom hinunter gesprun-
gen sein und das Kind gerettet haben — aber auch wie
ich, wie eine gebadete Katze naß geworden sein. Das
Wasser hat nun einmal die Eigenschaft, naß zu machen
und der Mensch die, sich in diesem durchnäßten Zustande den Schnupfen zu holen. (Er niest.) Sie sehen,
ich habe ihn, obschon ich nach vollbrachter That, mich
allem Aufsehen, allen gerührten Dankbezeugungen des
herbeigeeilten Vaters, allen Thränen der freudiger-
regten Mutter entziehend, sogleich wegeilte, die Kleider zu wechseln. Sie sehen, Herr Justizrath, ich habe
nicht die Kleider an, die ich sonst immer zu tragen pflege.

Faber (leise zu Halket). Der Mensch lügt mit einer Unverschämtheit, die göttlich ist. Seit einem halben Jahre trägt er Tag für Tag denselben Anzug, den er jetzt auf dem Leibe hat.

Halket (zu Faber). Er hat seinen theatralischen Raptus!

Ballmann (während dieses leise geführten Gesprächs, laut). Ich sehe nicht auf Kleider.

Willert (für sich). Eben darum! (Laut.) Ich stürzte in einen Kleiderladen und kaufte mir diesen neuen An-zug, in dem ich nun so spät vor Ihnen erschienen bin. Dieses späte Erscheinen, Herr Justizrath, ist es nun entschuldigt vor Ihnen?

Ballmann. Versteht sich, Willert. Sie haben brav, Sie haben wie ein Ehrenmann gehandelt.

Willert. Dieses Lob aus Ihrem Munde macht mich stolz und ist die schönste Belohnung meiner That. Nur freilich, wenn es nicht unbescheiden wäre, so möchte ich Sie bitten — — Doch nein, nein —

Ballmann. Reden Sie aus, lieber Willert. Was wollen Sie sagen?

Faber (für sich). Der arme Junge wird seine Be-scheidenheit noch gar zu weit treiben!

Willert. Sehen Sie, bester Herr Justizrath, dieser Anzug, den ich mir nothgedrungen habe an-schaffen müssen, setzt mich momentan in einige Ver-legenheit. Ich war auf eine solche Ausgabe nicht ge-faßt. Könnten Sie mir nicht —

Faber (leise). Soll mich der Teufel holen, wenn

er nun auf all' die Lügen den Alten nicht noch an-
pumpt!

Ballmann. Ich verstehe, ich verstehe — Ihr
Edelmuth soll Sie nicht in Schaden bringen. (Greift in
die Tasche und zieht einige Goldstücke heraus.) Hier, hier ist eine
kleine Gratification.

Willert. Bester Herr Justizrath —

Ballmann. Still, still. Lassen Sie das gut sein.
Und nun an die Arbeit. Es sind alle Hände voll zu
thun.

(Ballmann ab.)

Elfter Auftritt.

Willert. Halket. Faber.

Willert (die Goldstücke in die Höhe haltend). Nun, Kinder, war das nicht ein göttlicher Spaß! Habt Ihr
nicht gesehen, wie er gerührt war!

Halket. Wahrhaftig, die dicken Thränen standen
ihm in den Augen.

Faber. Und das Alles um eine Lüge!

Willert. Um Hekuba, um ein Nichts, wie Hamlet sagt. Faber, ungläubiger Thomas, hier siehst Du
wieder die Macht des Genies. Eine Lüge sagen, das
kann am Ende Jeder, das ist keine Kunst, aber syste-
matisch-logisch, gewissermaßen die Wahrheit zu erlügen,
d. h. so zu lügen, daß die Lüge eine Art Wirklichkeit,
eine Thatsache der Fantasie wird, dazu, meine guten

Jungen, dazu gehört eine höhere Begabung, ein höherer Schwung des Geistes, als Ihr und die meisten Menschen zu besitzen sich rühmen können. Das erfordert eine glänzende Einbildungskraft, eine eclatante Verstellungsgabe, ein seltenes Feuer der Begeisterung, einen üppig fließenden Strom der Rede: alles Dinge, die Ihr eben an mir zu bewundern Gelegenheit hattet und an anderer Stelle Gelegenheit erhalten sollt, noch mehr zu bewundern. Morgen Abend erscheint der entscheidende Moment meines ersten großen Auftretens auf dem Liebhabertheater Concordia. Ihr, meine Freunde, sollt die Zeugen meines Triumphes sein.

"Dies Blutgericht soll ohne Beispiel sein;
Mein ganzer Hof ist feierlich geladen."

Nachher traktir' ich Euch. (Die Goldstücke zeigend.) Der Alte hat die Mittel dazu gegeben!

Faber. Teufelskerl, was spielst Du denn?

Willert. Den famosesten Liebhaber, der auf den Brettern existirt, den Romeo. Dort in dem Bündel liegt der ganze Kerl.

Faber. Wie so in dem Bündel?

Willert. Nun, weil ich da sein ganzes Costüm bei mir trage: Wamms, Kragen, Helm und Rüstung.

Halket. Helm und Rüstung! Wie kommst Du mir denn vor? Der Romeo ist ja kein Ritterstück.

Willert. Das thut nichts, wir machen ihn dazu. Du weißt doch, daß Streitscenen darin vorkommen und daß Romeo mit dem Tybalt einen Zweikampf hat. Dieser Zweikampf findet bei uns im Harnisch statt.

Ich sah das neulich im Otto von Wittelsbach; das ist eine neue Nüance! Leider habe ich bis jetzt noch kein Schwert erhalten können; aber dafür habe ich einen Schild, einen Schild, meine Freunde, der Alles überstrahlen wird. Sehet selbst! (Er holt einen Schild aus dem Bündel hervor.) Der wird mir Ansehen geben. Denkt Euch mein übriges Costüm: Helm, Federbusch, Panzer und dann etwa eine Positur, wie die — (Er stellt sich, als wenn er sich mit dem Schilde decken wollte.) He! Wie gefällt Euch diese Stellung?

Halket. Famos, Willert, famos!

Willert. Nicht wahr? (Er nimmt eine neue Stellung an, greift aber zuvor nach einer Papierrolle, einem Lineal oder dergleichen.) Schlag zu, Halket, schlag zu! (Halket thut es; sie fechten; während dem hat Faber an der Thür gehorcht.)

Faber. Alle Wetter, der Alte —

(Faber und Halket fliegen an ihre Pulte. Willert bleibt ganz ruhig stehen; nur daß er den Schild hinter den Rücken nimmt und mit beiden Händen festhält.)

Zwölfter Auftritt.

Die Vorigen. Ballmann (mit Briefen).

Ballmann. Nehmen Sie Ihren Hut, Halket, und gehen Sie mit diesem Schreiben zu Herrn Flender und hören Sie genau, was er Ihnen für Bescheid giebt.

Halket (thut, wie ihm geheißen). Sehr wohl, Herr Justizrath. (Ab.)

Ballmann. Und Sie, Faber, gehen Sie mit

diesen Akten auf die Polizei. Sie wissen, was Sie da zu thun haben.

Faber. Ganz wohl, Herr Justizrath.　　　(Ab.)

Dreizehnter Auftritt.

Ballmann. Willert (unbewegt).

Ballmann. Kommen Sie näher, Willert. Ich habe in einer sehr ernsten Angelegenheit mit Ihnen zu sprechen.

Willert (für sich). Ich will nicht hoffen —

Ballmann. Sie wissen, ich spreche oft mit Ihnen mehr wie mit einem Freunde und Vertrauten, als mit einem Untergebenen.

Willert (klimpert mit dem Gelde). Ich habe die schmei-chelhaften Beweise Ihres gütigen Wohlwollens keines-wegs vergessen. (Für sich.) Was soll das werden?

Ballmann. Nun denn, so lassen Sie uns ein offenes Wort über Halket reden.

Willert (für sich). Nun hat der Alte doch den Bericht in den Zeitungen gelesen. Ich habe die Dinte umsonst verschwendet.

Ballmann. Ich ehre Ihr Zartgefühl, Willert — (Willert verbeugt sich), aber es giebt gewisse gebieterische Pflichten, die uns zwingen können, uns darüber hin-weg zu setzen. Der Polizeimeister Ringler hat mir den Polizeibericht von gestern geschickt. Sie kennen ihn vielleicht.

Willert. Allerdings, leider, ich kenne ihn.

Ballmann. Verhält sich die Sache, wie sie da angegeben?

Willert. Ich kann es nicht leugnen. Das Faktum ist richtig. (Für sich.) Nur der Name nicht. Aber: „Was ist ein Name?" sagt Julia. „Was uns Rose heißt, wie es auch hieße, würde lieblich duften" u. s. w.

Ballmann. Es ist mir sehr ärgerlich, daß die Sache gerade bis zum Polizeimeister unseres Viertels kommen mußte, der einer meiner besten Clienten ist!

Willert. Ja, das macht den Fall eben so unangenehm.

Ballmann. Wenn der tolle Bursch Hökerbuden umwerfen will, kann er sich nicht einen andern Platz aussuchen, als gerade den Heumarkt? — Ich fürchte, es wird mir nicht möglich sein, ihn zu behalten; indeß will ich es noch ein Mal, aber zum letzten Mal mit ihm versuchen. Sie aber, lieber Willert, bitte ich, etwas Acht auf ihn zu haben, ihn zu bessern, zu einem sittlicheren Lebenswandel anzuhalten. Sie, nur Sie können es; Sie mit Ihrer Ehrbarkeit, Ihrer Gesetztheit und Tadellosigkeit des Betragens. Versprechen Sie es mir.

Willert. Sie legen mir da eine schwere Pflicht auf, Herr Justizrath, aber ich sehe wohl ein, daß es Niemand giebt, der mehr geeignet ist, über Halket zu wachen, als ich. Ich will mich diesem Amt unterziehen.

Ballmann. Ich danke Ihnen, Willert. Sie

können es recht bald beginnen. Der Polizeimeister wird heute zu uns kommen.

Willert (zurückprallend). Den Teufel auch!

Ballmann. Er wird sich auf meinem Zimmer einfinden. Und da es mir nun höchst unangenehm wäre, wenn er Halket da zu Gesicht bekäme, so ersuche ich Sie, hinauf zu kommen, wenn ich die Glocke ziehe.

Willert (für sich). Alle Wetter! Das wäre eine saubere Bescheerung! (Laut.) Nein, nein, Herr Justizrath, das geht nicht, das ist nicht zweckmäßig!

Ballmann. Aber warum denn nicht? Was haben Sie dagegen?

Willert. Ich kann nicht gerade einen plausiblen Grund angeben; allein, mein Gefühl, eine gewisse geheimnißvolle Stimme mahnt mich, diesen Plan nicht gut zu heißen. Ich bin vielmehr der Ansicht, daß es am besten wäre, wenn Sie, Herr Justizrath, die Sache mit dem Herrn Polizeimeister ganz in der Stille abmachten.

Ballmann. Darin mögen Sie vielleicht nicht Unrecht haben. Es ist da nämlich noch ein besonderer Umstand. In dem Bericht steht, Halket sei mit einem auffallend blauen Auge behaftet gewesen — (Willert fährt schnell mit seinem Taschentuch, das er schon vorher hervorgezogen, nach seinem blauen Auge). Was haben Sie, Willert?

Willert. Nichts, Herr Justizrath, nichts: nur weil Sie eben von einem Auge sprachen. Ich fühle

16

ein Brennen, ein Brennen, Herr Justizrath, in meinem einen Auge. —

Ballmann (ihm näher tretend). Zeigen Sie her, Willert, der Schaden ist gewiß bald zu heben —

Willert (ihm ausweichend). Ich bitte, bitte, bemühen Sie sich nicht, Herr Ballmann —

Ballmann (immer drängend). Sein Sie doch nicht närrisch, Willert: ich thue es ja gern —

Willert (in die Enge getrieben und in der Nothwendigkeit ihn mit der Hand von sich abwehren zu müssen, läßt den Schild fallen). Nein! Nein!

Ballmann. Was der Teufel ist denn das?

Willert (für sich). Aus einer Patsche in die andere! (Laut.) Was meinen Sie, Herr Justizrath?

Ballmann. Nun, das, was da fiel. Was da auf der Erde liegt. Was ist denn das?

Willert. Das, das — Nun das ist — (Für sich). Ja, zu was mache ich das denn nun gleich? (Laut.) Sie werden es gewiß nicht errathen.

Ballmann. Nein, wahrhaftig nicht. Was ist es denn?

Willert. Nun, ich sehe auch nicht ein, warum ich Ihnen ein Geheimniß daraus machen soll? Wir, ich und meine Kameraden, haben nämlich neulich einen Verein zu patriotischen Zwecken gegründet, und wenn wir da zusammen sind, wird dies auf den Tisch gesetzt und für die deutsche Flotte darin gesammelt. Eben wollte ich auch hier bei meinen Kollegen Kollekte machen.

Ballmann. Sonderbare Sammelbüchse! Aber

die Sache freut mich. Sie macht Ihrem eigenen Herzen, wie dem Ihrer Kameraden Ehre. Wer hat sie
denn angeregt? (Willert sieht beschämt zur Erde.) Nun?

Willert. Meine Bescheidenheit, Herr Justizrath,
verbietet mir —

Ballmann. Ah, ich verstehe. (Schüttelt Willert die Hand.)
Guter, braver Mensch! (Giebt ihm Geld.) Thun Sie dies
zur Sammlung. (Ab.)

Vierzehnter Auftritt.

Willert (allein).

Willert (Ballmann nachsehend). Es geht doch nichts
über einen so weichherzigen Justizrath, höchstens ein
so schlauer und durchtriebener Bursche, als ich einer
bin! (Das Tuch vom Auge nehmend.) Das blaue Auge hat er
doch richtig nicht gemerkt und (das Geld besehend und zu sich
steckend) diese milde Gabe, sie soll ihren flotten Zweck nicht
verfehlen. — Nun aber, wie spät ist es denn eigentlich?
(Nach der Uhr sehend.) Wahrhaftig, gleich zwölf. Um 1 Uhr
hat meine Julia versprochen, mich abzuholen. Ich
muß nur Acht geben, wenn eine Droschke vorgefah-
ren kommt, daß ich dann sogleich zu entwischen suche.
Einen Vorwand für meine Entfernung will ich schon
finden. Er muß gefunden werden, und wenn ich auch
keinen finde, was thuts? Ich bin heut doch wohl zum
letzten Mal in diesem Advokatenbüreau. Fällt heut
Abend mein Debüt gut aus — und ich glaube anneh-

16 *

men zu können, daß dies der Fall sein wird, so sage ich Herrn Ballmann und seinen Akten für immer Lebewohl, um in Zukunft ausschließlich nur meiner theuren, angebeteten Kunst zu leben! O Kunst, Kunst, laß mich nur heute nicht im Stich, und ich will mit Wonne declamiren: (Mit Pathos.)

„Mich rufen Freuden über alle Freuden" —
(Mit ganz gewöhnlicher Stimme, da es klopft:)
Herein!

Fünfzehnter Auftritt.

Willert. Ein Gerichtsdiener.

Willert (für sich). Welch' böses Geschick sendet mir diesen blutsaugenden Dämon auf den Nacken! (Laut.) Was wünschen Sie?

Gerichtsdiener. Um Vergebung, ist hier das Büreau des Herrn Justizrath Ballmann?

Willert. In der That, das ist es.

Gerichtsdiener. Um Vergebung, arbeitet auf demselben ein gewisser Valentin Willert?

Willert. Allerdings.

Gerichtsdiener. Um Vergebung, und ist derselbe jetzt zu sprechen?

Willert. In diesem Augenblicke nicht. Was wollen Sie von ihm?

Gerichtsdiener. Um Vergebung, ich soll ihn wegen eines fällig gewordenen und nicht bezahlten Wechsels verhaften.

Willert (mit Pathos). Verhaften! Armer Mensch! „Du treibst ein trauriges Handwerk, bei dem Du unmöglich selig werden kannst.“

Gerichtsdiener. Um Vergebung, mein Herr, ich verstehe Sie nicht. Ich bin erst kurze Zeit Gerichtsdiener.

Willert. Das merke ich (für sich) und will ich mir zu Nutze machen. Verhaftet, verhaftet, kurz vor der Aufführung, um lumpiger hundert Thaler willen.

„Weh mir, so neidisch kann der Himmel sein!“ Nein, nein, das darf nicht geschehen. Aber was thue ich! Halket, Halket, Du hast schon mit und ohne Willen so viel für mich gethan, Du mußt auch das noch thun, Du mußt Dich für mich einsperren lassen. Es giebt kein anderes Mittel, mich zu retten. Morgen will ich Dich im Triumph befreien.

Gerichtsdiener. Um Vergebung, wissen Sie vielleicht, wo dieser Valentin Willert ist?

Willert. Der Herr Justizrath Ballmann hat ihn ausgeschickt. Aber halt! — (Zum Fenster tretend.) Kommt hierher. Seht Ihr den jungen Mann da die Straße heraufkommen?

Gerichtsdiener. Um Vergebung, ja, den da, der, (zögernd ein beliebiges Merkmal angebend).

Willert. Ganz recht. Geht hinab, zieht ihn bei Seite und sagt: der Justizrath hätte ihn Euch vom Fenster aus gezeigt und befohlen: Ihr solltet ihn zur Aufnahme eines gerichtlichen Inventariums führen. Auf diese Weise bekommt Ihr ihn gut und willig in die Falle und vermeidet den Skandal.

Gerichtsdiener. Um Vergebung, Herr, ich danke Ihnen; ich bin noch ein junger Anfänger.　(Ab.)

Sechszehnter Auftritt.

Willert (allein, ihm nachäffend).

Um Vergebung: Das habe ich gemerkt und mir zu Nutze gemacht. Nun, komm hervor, du mein Bündel, das den Romeo verbirgt. (Er nimmt das Bündel.) Das ist die Hülle, in die sich die Raupe Willert als Schmetterling Romeo entpuppen wird. O Romeo, wie wird Dir dieser Helm, dieser Mantel stehen! (Er hängt sich einen verschossenen spanischen Mantel um und setzt sich einen Helm mit vielen Federn auf.) Ah! Das wird Glück, das wird Furore machen! Ich sehe schon die glänzenden Augen der Damen, wenn ich rufen werde:

„Laß sie mich greifen, ja, laß sie mich tödten.

Ich bleibe gern; zum Gehn bin ich verdrossen.

Willkommen, Tod, hat Julia Dich beschlossen."

Siebenzehnter Auftritt.

Willert. Henriette.

Henriette (im Mantel, darunter im Kostüme als Julia). Aber Willert, Willert!

Willert. „Mein Leben ist's, das meinen Namen ruft."

Henriette. Mein Gott, was phantasirst Du denn? Ich warte mindestens schon acht Minuten in der Droschke unten. Mach' nur, daß wir nicht zu spät kommen.

Willert. Mein Kostüm hat mich Zeit und Umgebung vergessen machen. Blicke mich an. Bist Du mit Deinem Romeo zufrieden?

Henriette. Die Sachen stehen Dir ganz gut. Du wirst Dich hübsch ausnehmen. Auch ich werde Dir keine Schande machen. (Sie schlägt den Mantel auseinander.) Sieh einmal.

Willert (in Exstase).

„Sie stellt sich unter den Gespielen dar,
Als eine weiße Taub' in einer Krähenschaar.
Schließt sich der Tanz, so nah' ich ihr: ein Drücken
Der zarten Hand soll meine Hand beglücken.“

Henriette (in demselben Ton).

„Mein Ohr trank keine hundert Worte noch
Von diesen Lippen, doch es kennt den Ton.
Bist Du nicht Romeo, ein Montague?“

Willert (Henrietten umarmend).

„Leb' wohl, kein Mittel laß ich aus den Händen,
Um Dir, Du Liebe, meinen Gruß zu senden.
Auf nach Verona! Fort!“

(Sie wollen abeilen, treffen an der Thür mit Frau Bärwald und Fanny zusammen.)

Achtzehnter Auftritt.

Willert. Henriette. Frau Bärwald. Fanny
(immer weinend).

Frau Bärwald (zurückprallend). Himmel, was seh' ich!

Willert (für sich). Müssen mir die auch gerade jetzt noch in den Wurf kommen!

Frau Bärwald. Welch' ein Aufzug ist das? Was giebt's denn hier? Sind Sie denn das selbst, Herr Willert, oder —

Willert (wieder mit Würde). Was bringen Sie, Frau Bärwald?

Frau Bärwald. Die Kündigung für Halket und einen Brief für den Herrn Justizrath, worin ich ihm dessen Streiche erzähle — Aber, was treiben Sie denn hier? Was soll diese Mummerei?

Henriette. Mummerei? Hier ist von keiner Mummerei, sondern von künstlerischen Leistungen die Rede.

Frau Bärwald (zu Fanny). Was in aller Welt soll das bedeuten?

Fanny (weinerlich entzückt). Ach, Mama! Er sieht wirklich recht hübsch in diesem Costüm aus!

Frau Bärwald. Ich weiß nicht. Mir wirbelt's im Kopf. Wer ist denn das Frauenzimmer da, Herr Willert?

Henriette. Welche Reden, Madame! Ich bin Künstlerin und die Braut dieses Herrn!

Fanny (aufschluchzend und der Mutter um den Hals fallend). O, mein Gott! Auch dieser Mann falsch! O, die Männer, die Männer, Mama!

Frau Bärwald (außer sich gerathend). Was, mein Herr, Sie haben eine Braut, Sie sind verlobt und Sie unterstanden sich —

Willert. Um Gottes willen, Frau Bärwald —

Frau Bärwald (immer ihre Tochter haltend). Ach was weiß der liebe Herrgott von Ihren Streichen! Ich sehe schon, Sie sind nicht besser, als die Andern! Pfui! Schämen Sie sich, eine Braut zu haben und einem guten, unschuldigen Kinde, wie meine Tochter eins ist, Hoffnungen und Aussichten zu machen, die —

Henriette. Was höre ich, Willert! — Willst Du auch bei andern den Romeo spielen?

Willert. Nicht doch, nicht doch, Julia — Ein Mißverständniß — Beruhigen Sie sich, meine Damen. Machen Sie keinen Lärm —

Henriette. Ich will mich aber nicht beruhigen.

Frau Bärwald. Und es soll gerade Lärm gemacht werden.

Willert. Aber nehmen Sie doch Vernunft an. Sie werden mir noch den Justizrath auf den Hals ziehen.

Neunzehnter Auftritt.

Die Vorigen. Ballmann.
(mit einer Feder hinter dem Ohre).

Ballmann (der das Letzte gehört hat). Was soll's mit dem Justizrath?

Willert (die Hände ringend, für sich). Da hat ihn der Satan schon! Nun kommt die ganze Pastete auf den Tisch.

„O, Romeo, wer hätt' es je gedacht?"

Ballmann. Was ist hier vorgefallen? Ist mein Büreau zum Tollhaus geworden?

Frau Bärwald. Nicht viel Anderes.

Ballmann. In welchem Aufzuge sehe ich Sie da, Willert? Nun?

Willert. Ich weiß nicht, Herr Justizrath, Halket glaube ich, Halket hat, Halket wird —

Frau Bärwald. Lassen Sie sich nur nichts weiß machen, Herr Justizrath. Dieser Herr ist so schlecht und noch schlechter als Halket. Denken Sie sich, er ist Bräutigam jener Theaterprinzessin da und trotzdem sagte er meiner Tochter doch Dinge, Dinge, Herr Justizrath —

Fanny (immer weinend am Halse ihrer Mutter). O, Mama! Mama!

Ballmann. Was muß ich vernehmen, Willert?

Willert (verlegen). Die Frau ist nicht recht richtig, Herr Justizrath.

Henriette. Und ich — bin ich vielleicht auch nicht recht richtig —

Willert. O Julia — Julia!

Henriette. Er hat sich verlobt mit mir, Herr Justizrath. Ich habe ihn unterrichtet, ihm die erste Bühnenanleitung gegeben; ich allein habe durchgesetzt, daß man ihm Aussicht auf Engagement gab —

Ballmann. Auf was für ein Engagement?

Willert. Sie phantasirt, Herr Justizrath.

Henriette (ohne auf ihn zu hören). Nun, an unserem Theater.

Ballmann. Theater! Theater? Willert zum Theater?

Willert. „O wackrer Apotheker, der Trank wirkt schnell!"

Ballmann. Das ist ja schändlicher Betrug. Davon habe ich nie eine Ahnung gehabt —

Zwanzigster Auftritt.

Die Vorigen. Faber mit dem **Polizeimeister.**

Faber (im Eintreten). Der Herr Polizeimeister, Herr Justizrath!

Willert (verzweifelt für sich). Nun auch der noch!
„Es hängt Gewicht sich an Gewicht,
Und ihre Masse zieht mich schwer hinab."

Polizeimeister. Gott zum Gruß, Freund Justizrath! Was haben Sie denn hier vor?

Faber (verwundert sich umsehend). Was in aller Welt
ist denn los!

Willert (sich an Faber lehnend).

„Nur Eile rettet mich, Verzug ist Tod!"
Komm', bring mich fort.

Polizeimeister (aufmerksam auf Willert). Ah, sieh
da! Wird hier Gericht über Mosje Halket gehalten?
(Zu Willert.) Nun, Sie junger Raufbold, gegen wen
haben Sie denn schon wieder die Sturmhaube aufgesetzt!

Willert. „Und so im Kusse sterb' ich!"

Ballmann. Aber das ist ja gar nicht Halket,
Herr Polizeimeister —

Polizeimeister. Nicht Halket? Ich erkenne ihn
ja schon allein an seinem blau geschlagenen Auge.

Ballmann. Wahrhaftig! Das blaue Auge hat
ja er. Ah, nun verstehe ich.

Willert. „Ist es denn so? Ich biet' euch Troß,
ihr Sterne! (Zu Faber.) Geh, miethe Pferde, ich will fort
zur Nacht!"

Einundzwanzigster Auftritt.

Die Vorigen. Halket und Gerichtsdiener.

Willert (zurückprallend). Auch der noch! Nun ist
Alles aus.

Gerichtsdiener. Um Vergebung, meine Herr-
schaften —

Halket (sehr erregt zu Ballmann). Was zu viel ist, ist
zu viel. Herr Justizrath, ich habe gefehlt: ich bin zuletzt nicht ganz achtsam und fleißig in Ihrem Dienst
gewesen, aber das ist nicht meine Schuld. Ich opferte
Ihr und mein eigenes Interesse der Freundschaft jenes
Elenden auf. Ich durchwachte und durcharbeitete die
Nächte auf seinem Zimmer, damit er seine Rollen lernen und studiren konnte; ich setzte mich in den Verdacht,
meiner Fanny untreu geworden zu sein, nur um ihm
die Ausbildung seines Talentes zu ermöglichen; alle
seine Lügen und schlechten Streiche ließ ich hingehen,
nur um ihm keine Verlegenheit zu bereiten. Und was
war mein Lohn dafür? Eben ließ er mich, an seiner
statt, wegen einer Wechselschuld verhaften.

Ballmann. Ist es möglich!

Frau Bärwald. Das Ungeheuer!

Polizeimeister. Das ist ja ein gottvergessener
Mensch!

Fanny (immer weinend, aber jetzt vor Freude). O, Mama,
so ist Theobald mir doch treu geblieben!

Halket. Konntest Du zweifeln, nur einen Augenblick zweifeln, geliebtestes Mädchen — (Er zieht sie an sich.)

Henriette (höhnisch zu Willert). Und Du, Romeo! —

Willert. O, Julietta!

Gerichtsdiener. Um Vergebung, wer ist also
hier Valentin Willert —

Ballmann (auf Willert zeigend). Dieser hier, Hand

des Gesetzes. Ergreife ihn, schleppe ihn in's Gefängniß. —

Gerichtsdiener (grimmig nach Willert greifend). Der
da? So meine amtliche Jungfräulichkeit zu mißbrau-
chen —

Willert (vor Ballmann nieder auf die Kniee stürzend). Barmherzigkeit, Herr Justizrath, Barmherzigkeit! Seien
Sie menschlich! Bedenken Sie, was Sie thun, was
auf dem Spiele steht! Es ist wahr: ich habe Sie, ich
habe alle die Anwesenden betrogen und angeführt,
aber ich konnte nicht anders. Alle diese Spiegelfechte-
reien waren nichts als dramatische Versuche, gewissermaßen eine Vorschule für jene Bretter, welche die Welt
bedeuten, und zu denen ich glaube, von der gütigen
Natur berufen zu sein. Mein Ingenium hat mich ver-
führt, nicht mein schlechtes Herz. Ich verehre Sie,
Herr Justizrath, wie alle Anwesenden, ich achte Halket,
ich liebe meine Henriette, aber ich brenne für meine
Kunst. Herr Justizrath — Sie sind ein Menschen-
freund — ich weiß es aus der Geschichte mit dem
Kinde — Leisten Sie Bürgschaft für mich. Herr Justizrath, sehen Sie mich heut Abend spielen und dann —

Ballmann. Und dann?

Willert. Dann werden Sie versöhnt sein. Versöhnt, wie alle Anwesenden, wenn sie ebenfalls nicht
verschmähen wollen, meiner Darstellung beizuwohnen.
(Theater-Billete austheilend.) Auch Du (zum Gerichtsdiener), eiserne
Hand des Gesetzes —

Gerichtsdiener. Um Vergebung . . . .

Alle (auf Ballmann eindrängend). Ja, Vergebung! Vergebung! — Er ist nicht schlecht. — Nur etwas leichtsinnig!

Henriette (neben Willert knieend). Lassen Sie sich erweichen, edelster aller Justizräthe!

Ballmann. Verdammte Schwänke — über die
wohl am Ende der Teufel selber lachen muß. (Lacht aus
vollem Halse.)

Willert (sich freudig erhebend und schließlich Ballmann umarmend).

„Er ist gerührt, er ist's! Wir haben nicht
Umsonst gefleht; des Zornes Donnerwolke schmilzt
Von seiner Stirne thränenthauend hin,
Und aus den Augen, Friede strahlend, bricht
Die goldene Sonne des Gefühls hervor.
(Seinen Helm abwerfend und Ballmann die Feder hinter dem Ohre weg-
nehmend und fortschleudernd.)
Weg mit den Waffen! — Drücket Herz an Herz! —
Er weint, er ist bezwungen, er ist unser!" —
(Heftig Ballmann an sich pressend.)

Ballmann (lächelnd, unter Versuchen sich frei zu machen).
Nun denn in Gottes Namen, ja, ja, ich will ja
bürgen — lassen Sie mich nur los, Sie Sausewind!
Ich bürge, Hand der Gerechtigkeit! Wir wollen sehen,
wie Sie Ihre Sache machen werden.

Willert. Nach den Proben, die ich gegeben, darf
ich hoffen, daß man zufrieden sein wird. Wohl mir,
darf ich mit Puck im „Sommernachtstraum" sagen:
„Das Spiel zu enden,
Begrüßt uns mit gewognen Händen!"
(Der Vorhang fällt.)

Druck von Leopold Schnauß in Leipzig.